영어를
공부하는
이유

가장 강력한 영어 학습의 모티브!

영어를 공부하는 이유

지소철 지음

"왜 영어를 공부해야 하는가?"
이 원초적 질문에 대한
답을 찾는 순간
진짜 공부가 시작된다!

영어 성적이 오르지 않는
근본적인 원인은
내가 왜 공부를 해야 하는지
모르기 때문이다!

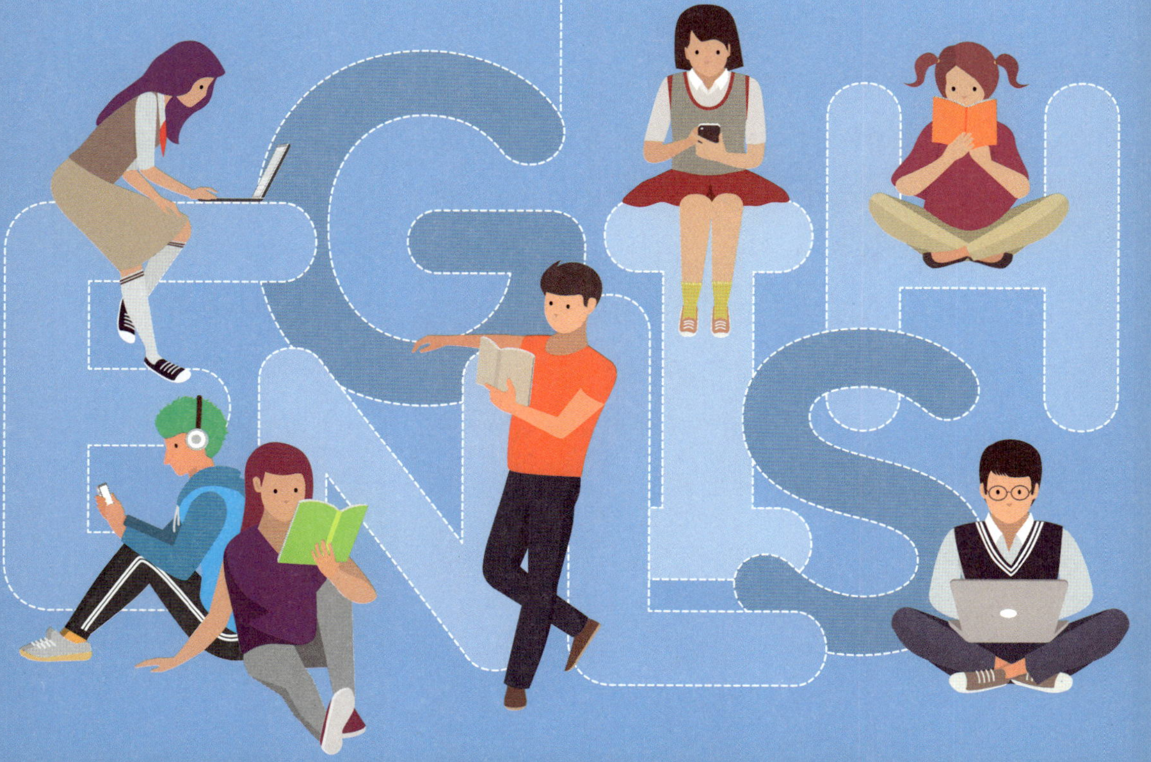

● 머리말

"영어를 왜 공부해야 하나요?"

여러분은 선생님이나 부모님께 이런 질문을 한 적이 있나요? 아마 있을 겁니다. 사실 영어를 공부하는 이유에 관한 물음은 중고등학교 영어 수업 시간에 학생들이 가장 많이 하는 질문입니다. 정말로 왜 그런 어려운 외국어를 그토록 열심히 공부해야 하는지, 공부를 해서 뭘 얻게 되는지 궁금하기 때문에 진지하게 묻기도 하고, 단지 공부가 싫어서 공부를 안 할 명분을 찾기 위해 묻기도 하며, 자기 나름의 생각을 어른들의 생각과 비교하며 조언을 얻기 위해서 묻기도 합니다. 의도가 어떻든지, 영어 학습의 초기 단계에 있는 사람이라면 반드시 영어를 공부하는 이유에 대해 자기 나름의 답을 갖고 있어야 합니다. 이유와 목적도 모른 채 공부를 할 수는 없지요.

어떤 과목이든, 공부를 하는 주체로서 여러분이 그 과목을 공부하는 이유에 대해 알고자 하는 것은 당연합니다. 특히 영어는 우리나라에서 가장 많은 사람들이 가장 긴 시간 동안 가장 많은 노력과 비용을 투자하는 '과목'입니다. 여러 모로 무척 부담스러운 공부일 수밖에 없습니다. 따라서 최소한 왜 영어를 공부하는지는 알고서 공부를 시작해야 마땅하지요.

그런데 영어 선생님이나 부모님의 입장에서는 영어를 공부하는 이유에 관한 질문이 대단히 난감하면서도 귀찮은 질문일 수 있습니다. 우선 본

인들이 그 질문에 대한 적절한 답을 갖고 있지 않은 경우가 대부분입니다. 학창 시절에 그 누구도 그런 질문에 대해 충분히 설득력 있는 답을 해준 적이 없기 때문입니다. 또한 영어를 공부하는 이유에 대한 답은 '언어와 삶'의 관계 속에 숨어 있기 때문에 간단하게 정리해서 설명하기가 무척 까다롭습니다. 한마디로 답하기 힘든 곤란한 질문이지요.

그래서 대개의 경우, 선생님이나 부모님께 "왜 영어를 공부해야 하나요?"라고 질문을 하면 우선 꾸지람부터 듣게 됩니다. "하라는 공부는 안하고 엉뚱한 생각만 하네! 그걸 몰라서 물어? 요즘에 영어 못하면 바보 취급 받는 거 몰라? 영어는 필수야, 필수!" 이런 식의 면박이 대답을 대신합니다. 그래서인지 중고등학교 학생들에게 영어를 공부하는 이유에 대해 물으면 대개 이렇게 대답합니다. "학교에서 배우니까 그냥 억지로! 남들도 다 하니까 따라서! 부모님과 선생님이 하라고 시키니까! 시험을 잘 봐야 하니까! 좋은 대학에 가야 하니까! 취직할 때 영어가 중요하니까!"

영어를 공부하는 이유가 정말 이런 건가요? 누구나 씁쓸함을 느낄 수밖에 없습니다. 이런 대답은 우스울 뿐만 아니라 참담하기까지 합니다. 영어 선생님이 "나는 왜 학생들에게 영어를 가르쳐야 하는가?"란 질문에 대해 "먹고살아야 하니까!"라고 답하는 것과 다를 바가 없습니다. 다른 식의 답이 필요합니다. 영어와 여러분의 삶이 어떤 관계를 맺고 있는지 정확하고 친절하게 설명해 주는 설득력 있는 대답! 왜 그런 대답이 필요할까요?

　우선 공부의 이유를 명확히 이해하면 학습 태도가 달라집니다. 공부의 주체로서 과목을 능동적인 시각으로 바라보기 시작합니다. 공부하는 이유와 목적을 알기 때문에 거부감 없이 공부를 자기 삶의 일부로 받아들이게 됩니다. 자기 나름의 목표를 설정하고 스스로 학습 스케줄을 짜고 효율적인 공부 방법을 모색합니다. 공부를 하는 과정에서 힘든 난관에 직면해도 쉽사리 포기하지 않습니다. 자신만의 목표가 뚜렷하기 때문에 허들을 뛰어넘을 용기가 생기고 다시 시작하고자 하는 의지가 생기는 것입니다.

　모두가 예상하듯이, 이 책은 영어 공부를 권하는 내용으로 가득합니다. 필자는 40년 동안 영어를 공부하고, 영어를 즐기고, 영어로 밥벌이를 하면서 살았습니다. 그 긴 과정을 겪으며 우리 사회에서 영어가 얼마나 중요한지, 영어가 얼마나 재미있는 언어인지, 영어와 함께 하는 삶이 얼마나 유익하고 즐거운지 실감했습니다. 그래서 우리 청소년들에게 최소한 영어를 공부하는 이유에 관해서만큼은 설명을 해주고 싶었습니다. 1년이 넘는 기획과 집필 과정에서 제 생각을 나름 간명하게 정리했고, 다른 전문가들의 다양한 의견도 충분히 경청해서 반영했습니다. 부디 제 정성과 소명감

이 청소년 독자들의 가슴에 닿길 바랍니다.

   교육 일선에서 영어를 가르치시는 선생님들과 자녀들의 영어 교육으로 고민하시는 부모님들께도 이 책의 일독을 권하고 싶습니다. 어떤 과목이든 첫 만남에서 공부의 이유를 설명하는 것은 교육의 기본 중의 기본입니다. 솔직히 우리 어른들은 지금까지 그 중요한 기본을 간과해 왔습니다. 윗세대 어른들과 마찬가지로, 공부를 왜 해야 하는지 아이들에게 충분히 설명하지 않았습니다. 그래서 공부를 강요하게 되고, 공부를 거부하게 되고, 공부 때문에 갈등이 생기는 것이지요. 그런 갈등과 악순환에서 벗어나려면 학생들과 자녀들에게 영어를 공부하는 이유와 목적에 대해 보다 적극적으로 친절하게 설명해 주어야 합니다.

   모쪼록 이 책이 여러분이 갖고 있는 답에 조금이나마 더 신선하고 풍성한 '살'을 붙이는 데에 도움이 되길 바랍니다.

지은이 지소철

contents

머리말 ··04

1장
삶의 시간과 공간을 확장하는 현명한 선택_013

영어! 공부할까, 말까? ··015
인간을 가장 인간답게 하는 것 ··017
소통을 갈망하는 인간, 하나의 언어를 탐하다! ··022

2장
링구아 프랑카_029

21세기를 지배하는 제국의 언어들··031
일본/일본어 ··034
독일/독일어 ··036
프랑스/프랑스어 ··038
러시아/러시아어 ··040
스페인/스페인어 ··043
중국/중국어 ··045
후회 없는 선택 ··048

3장
섬나라의 언어에서 세계의 언어로!_051

- Your Roman-Saxon-Danish-Norman English ······················053
- 강한 언어, 해가 지지 않는 제국 ·······································061
- 영어의 영향력을 키운 젊고 강한 나라 ······························066

4장
영어로 통하는 세상_069

- 영어권 국가와 영어의 위상 ···071
- 영어로 세상의 문을 열다! ···073

5장
이 땅에서 영어를 사용한다는 것_083

- 영어 범벅, 어디에나 있는 영어 ··085
- 네 말을 들으면 왜 기분이 찜찜할까? ································099
- 나는 누구인가? 나는 무엇을 위해 영어를 말하는가? ···········102

I can't speak English! vs. Do you need any help? ·····················105

6장
지식과 정보의 바다를 향해 — 영어로 펼치는 넓고 깊은 배움의 장 _115

영어로 만나는 인터넷 세상, 차원이 다르다! ·····························117
영어로 펼치는 유학의 꿈 ··124
새로운 배움터, 국제학부와 무크(MOOC) ···································131

7장
비즈니스 세계를 지배하는 영어_141

이놈의 회사, 그놈의 영어! ···143
우리 사장님께 영어의 축복이 함께 하길! ···································154
꿈 + 영어 = 내가 하고 싶은 일을 하면서 행복하게 살 테야! ·················159

8장
영어로 품는 세상의 모든 문화_163

두 개의 언어, 두 개의 영혼 ···165
English is Cool! ··170
영어로 직접 만나는 세상의 모든 문화 ······································174
영어로 자랑하는 우리 문화 ··180
문화강국의 국민은 포용과 배려가 다르다! ·······························182

9장
4차 산업혁명과 영어의 역할_185

세상을 바꾸는 4차 산업혁명과 기술 융합 ································187
괴담인가, 사실인가? ··195
인공지능 통번역 기술이 불러온 논란: 너 아직도 영어 공부하니? ·········204

10장
영어 공부, 어떻게 해야 하나?_211

부탄과 대한민국 …………………………………………213
두 가지 근본적인 문제 ……………………………………215
영어를 잘하고 싶은가? 그럼 여섯 가지 과제를 실천하라! ………219
  Task 1. input과 output의 불균형을 해소하라! ……………220
  Task 2. 한국어 번역을 버리고 그림을 그려라! ………………225
  Task 3. 영영사전을 지갑처럼 챙겨라! …………………228
  Task 4. 동사를 내 몸같이 사랑하라! ……………………233
  Task 5. 영어 공부를 습관으로 만들어라! ………………238
  Task 6. 취미와 영어를 접목하라! ………………………239

맺음말 – 만남 ……………………………………………244

Why should I Learn English?

01

삶의 시간과 공간을 확장하는
현명한 선택

영어! 공부할까, 말까?
인간을 가장 인간답게 하는 것
소통을 갈망하는 인간, 하나의 언어를 탐하다!

영어! 공부할까, 말까?

인간은 참 다양한 모습으로 살아갑니다. 타고난 성향이 다르고 주어진 환경이 다르니 각기 다른 삶을 살 수밖에 없겠지요. 그런 다양한 삶이 모여서 세상을 이룹니다. 그런데 개인의 삶에서는 성향과 환경 못지않게 중요한 변수가 하나 있습니다. 바로 자신의 선택입니다. 무엇을 선택하느냐에 따라 삶의 방향이 달라집니다. 인간은 한정된 조건 하에서 항상 최선의 선택을 하기 위해 노력합니다. 자기를 사랑하고 자신의 삶을 소중하게 여기기 때문에 보다 나은 길을 선택하고자 하는 것이지요.

점심으로 짜장면을 먹을까, 짬뽕을 먹을까? 세뱃돈으로 청바지를 살까, 후드티를 살까? 5분 더 잘까, 지금 일어날까? 이렇게 우리는 일상에서 끊임없이 무언가를 저울질하며 선택하게 되는데, 사실 이런 사소한 선택은 일시적인 만족감과 행복의 요소가 될지는 몰라도, 삶의 방향이 달라지게 할 정도로 중요하진 않지요. 그래서 이런 선택을 할 때 두통이 생길 만큼 심각하게 고민하지도 않고 잘못 선택했다고 후회하더라도 땅을 치며 통곡하지도 않습니다.

그럼 이 선택은 어떨까요? 영어를 공부할까, 말까? 최소한 여러분은 선택의 결과가 상당히 심각하다는 느낌 정도는 갖고 있을 겁니다. 영어를 열심히 공부하기로 선택한다면, 상당히 오랜 시간과 많은 노력을 투자해야만 한다는 사실을 알고 있습니다. 부담감이 밀려옵니다. 반면에 영어를 공부하지 말자고 선택한다면, 그 시간과 노력을 다른 것에 투자해 더 나은 삶

너무 어려운 선택 — 짜장면이냐 짬뽕이냐, 그것이 문제로다!

을 살 수 있다는 패기가 있긴 하지만 나중에 영어를 못한다는 이유로 차별과 불이익을 받게 될 것만 같습니다. 불안감이 밀려옵니다. 삶을 바꾸는 대단히 중요한 선택이기에 부담감이나 불안감을 느낄 수밖에 없습니다.

중요한 선택의 순간에는 항상 갈등이 생깁니다. 갈등을 해소하고 현명한 선택을 하려면 당연히 심사숙고해야만 하지요. 선택은 이유와 명분이 있어야 가능하니까요. 따라서 "왜 영어를 공부해야 하나요?"는 선택의 주체로서 여러분이 진지하게 물을 만한, 아니 꼭 물어야만 하는 질문입니다. 영어 공부는 내 인생에서 많은 시간과 노력, 돈을 투자해야 하는 중요한 선택인데, 그럴 만한 가치가 있는지 당연히 따져 봐야겠지요.

물론 어떤 학생은 영어 공부를 하지 말자는 선택 쪽으로 이미 마음이 기울어서 자기 결정을 합리화하기 위해 질문을 할 수도 있습니다. 시비를 걸어 보는 것이지요. "엄마 아빠도 영어 잘 못하면서 왜 나한테는 날마다 영어 공부하라고 야단일까? 왜 영어 공부를 해야 하는지 이유를 제대로 대지 못하면 공부 안 할 거야! 비뚤어질 테야!"

그래도 괜찮습니다. 이 책을 읽고서도 영어 공부를 안 해도 된다는 생각이 든다면 그 선택 역시 가치 있는 것입니다. '이런 이유로 나와는 다른 선택을 하는 사람도 있겠구나.'라고 다른 사람들의 생각을 이해하는 기회가 될 수도 있습니다. 또 어쩌면 마음을 바꾸어 반대의 선택을 할 수도 있고, 다시 한 번 심사숙고하는 계기가 될 수도 있겠지요. 영어를 공부하는 이유를 이해하는 과정은 중요한 선택을 위한 기준을 스스로 세워 보는 과정인 동시에, 학습의 동기를 찾는 과정이기도 합니다. 그 과정에 참여하는 것도 여러분의 자유이고, 선택도 여러분의 몫입니다. 자, 이제 길을 떠나 봅시다.

인간을 가장 인간답게 하는 것

영어를 공부하는 이유는 또 하나의 아주 근원적인 질문을 통해 도출할 수 있습니다. "인간이 다른 동물과 다른 점은 무엇인가?" 차이점은 많지만, 영어 공부의 이유와 직접적인 관련이 있는 답은 두 가지입니다. 첫 번째 답은, "인간은 자신의 의지에 따라 최대한 삶의 공간과 시간을 확장할 수 있다."입니다. 여러분은 아마도 즉각 반론을 제기할 겁니다. '모든 사람이 지구라는 제한된 공간에 살 수밖에 없고 운명적으로 자기 수명만큼만 사는 것인데, 무슨 공간과 시간을 확장한다는 거야? 또 새들은 자유롭게 하늘을 날아다니고 물고기들도 넓은 바다를 헤엄쳐 다니잖아. 100년, 200

년을 사는 수염고래나 거북이도 있고. 거기에 비하면 인간은 아무 것도 아니지! 에이, 말도 안 돼!'

잠깐만! 책을 덮지 말고, 면도 안한 아빠나 삼촌의 따가운 뽀뽀를 참아냈던 어린 시절의 인내심을 여기서 조금만 발휘해 주시길! 인간이 공간과 시간을 확장한다는 말은 이런 의미입니다.

인간은 서로 관계를 맺습니다. 관계는 계속 복잡해집니다. 그 과정이 성장이며 삶 자체입니다. 유아기에는 가족과 친척, 동네 놀이터에서는 처음 사귀는 친구들, 유치원이나 초등학교에 가면 여러 선생님들과 같은 반의 또래들과 관계를 맺습니다. 중학교, 고등학교에 가면 더 많은 선생님들과 더 많은 친구들이 관계 안으로 들어옵니다. 식당에 가면 식당 주인과 식재료를 공급한 익명의 사람들과 관계를 맺습니다. 그래서 맛있는 메뉴로 식사를 할 수 있지요. 버스를 타면 버스 기사와 그 버스를 만든 노동자들, 교통 체계를 만든 사람들과도 관계를 맺습니다.

모든 것이 관계로 얽혀 있지요. 만약 그 관계가 없다면, 어린 캥거루처럼 언제까지고 엄마 품에만 머물겠지요. 공간이 한정되는 것입니다. 관계가 공간을 확장시키고, 확장된 공간이 더 많은 관계를 맺을 수 있게 합니다.

우리가 인간이기 때문에 그렇습니다. 인간(人間)이란 말은 사람(人)들 사이(間)에서 사는 존재를 의미합니다. 사람들과 관계를 맺음으로써 우리는 인간이 됩니다. 그리고 그 관계들이 얽히고 모여서 사회를 이루며, 우리는 그 사회의 일원으로 속하게 됩니다. 관계는 역할을 요구합니다. 사회 안에서 각자 자식으로서, 부모로서, 학생으로서, 선생님으로서, 친구로서, 선배나 후배로서, 생산자로서, 소비자로서, 작가로서, 독자로서 존재합니다. 역할이 많을수록, 역할을 충실히 수행할수록 우리는 점점 더 성장하며, 삶

호주의 화가 에설 스파우어스(Ethel Spowers)가 1933년에 발표한 그림으로, 제목은 〈The Giant Stride(도약)〉이다. 그림과 제목을 통해 느낄 수 있듯이, 사회 안에서 관계를 맺고 함께 어울리며 성장하는 것이 인간이다.

의 공간도 더불어 확장됩니다.

관계 안에서의 역할, 사회 안에서의 위치를 인식하는 순간 시간에 대한 개념도 달라집니다. 물리적으로 누구에게나 하루는 24시간이지만, 자신이 해야 할 역할이 있고 하고 싶은 활동이 있기 때문에 각자 느끼는 시간이 다를 수밖에 없습니다. 시간을 확장한다는 것은 시간을 가치 있는 일에, 행복과 미래를 위해 효율적으로 쓴다는 의미입니다. '주어진 역할을 더 잘 해야지, 더 중요한 역할을 맡아야지, 공부를 더 잘해야지, 더 부유해져야지, 더 행복해져야지, 더 성숙한 인간이 되어야지!' 같은 긍정적인 생각들이 시간이란 빈 페이지를 의미 있는 경험으로 채우게 합니다. 그것이 시간을 확장하는 것입니다.

　도박에 중독된 사람을 떠올려 봅시다. 그 사람은 도박장이란 공간에서 도박을 하면서 대부분의 시간을 보내고 서로의 돈을 노리는 도박꾼들과의 관계에 매몰되어 버립니다. 일확천금을 바라는 허황된 꿈이 머릿속을 가득 채웁니다. 시간과 공간이 도박의 틀에 갇혀 버립니다. 공간과 시간이 축소되고 관계도 축소되면 결국 자신의 능력과 삶도 축소되어 버립니다. 거칠게 표현하면, 모든 것이 쪼그라드는 것입니다. 이것은 제대로 된 삶이라 할 수 없습니다.

　자연의 법칙에 순응한다는 점은 같지만, 인간과 다른 동물들에게 적용되는 법칙은 판이합니다. 다른 동물들은 생존을 위한 먹이활동과 번식을 하며 생의 대부분을 보냅니다. 새들이 날아다니고 물고기들이 헤엄치는 것이 전부 그렇습니다. 동물들이 멀리 이동을 하는 것도 먹이를 구하러 서식지를 옮기고 번식을 위해 짝을 찾는 과정일 뿐이지요. 관계를 맺으면서 스스로 시간과 공간을 확장하며 행복을 추구하는 인간과는 다른 것입니다.

　그럼, 인간은 어떻게 관계를 맺을까요? 무엇이 관계를 가능하게 할까요? 언어를 통한 의사소통! 그렇습니다. 인간은 다른 사람들의 말과 글을 이해하고 자신의 의사를 말과 글로 전달합니다. 언어를 통해 관계를 맺습니다. "인간이 다른 동물과 다른 점은 무엇인가?"에 대한 두 번째 답입니다. 물론 소리로 의사소통을 하는 동물들은 많지만, 인간은 그보다 훨씬 더 복잡한 언어 체계를 갖고 있습니다. 연약한 포유류로 시작해 지구를 지배하는 막강한 존재로 진화하는 과정에서 계속 사고는 복잡해지고 활동 영역은 넓어졌습니다. 그래서 필요한 말이 점점 많아지고 표현 방식도 다양해졌습니다. 그렇게 체계화된 언어로 서로 의사소통하면서 그물망과 같은 관계를 형성하고 다양한 형태의 사회를 이루며 문명을 건설할 수 있었습니다.

지금 우리가 사는 세상의 가장 기본적인 토대가 바로 언어입니다. 언어가 없는 세상을 상상할 수 있을까요? 우선 이 책에서 글자가 없어지면 여러분과 저는 영어를 공부하는 이유에 대해 소통할 수 없습니다. 사진과 그림 같은 이미지만 남겠지요. TV나 라디오 프로그램, 인터넷, 책, 상점 간판, 도로 표지판, 상품 이름, 설명서, 계약서, 반성문 등등에서 말과 글이 빠지면 남는 게 거의 없습니다. 가사가 없으니 좋아하는 아이돌 가수의 노래도 따라 부를 수 없습니다. 콧노래만 흥얼거리겠지요. 누구를 만나든 몸짓과 표정으로만 의사소통을 해야 하는 답답한 상황이 전개될 겁니다.

의사소통을 하며 관계를 맺고 성장하면서 계속 삶의 공간과 시간을 확장하기 위한 조건. 그 절대조건이 바로 언어입니다. 이 대목에서 여러분은 안도의 한숨을 쉴지도 모르겠습니다. '언어? 그건 이미 마스터한 건데?' 맞습니다. 여러분은 이미 모국어인 한국어를 능수능란하게 구사합니다. 다른 사람들의 말을 찰나의 순간에 이해하고 자신의 생각을 마음껏 표현하지요. 개그맨처럼 우스갯소리도 잘하고 심지어 욕도 할 줄 압니다. 문학작품을 읽고서 감상문도 쓸 줄 알고, 마음만 먹으면 짧은 소설도 직접 쓸 수 있습니다.

그런데 문제가 하나 있습니다. 한국어를 못하는 사람들과는 의사소통을 할 수 없다는 점입니다. 전 세계 약 76억 명의 인구 중에 한국어로 의사소통할 수 있는 사람들의 수는 약 8,400만 명입니다. 백분율로 환산하면 전체의 약 1.1%의 사람들만이 한국어를 구사한다는 얘기입니다. 사실상 약 7,700만 명이 사는 한반도와 세계 여기저기 흩어져 사는 700만 명의 동포와 교민 사회에서만 한국어가 통용되고 있습니다. 전 세계 인구의 98.9%를 차지하는 약 75억 1,600만 명의 사람들과는 한국어로 소통할 수 없겠지요.

물론 언어가 달라서 자유롭게 소통하지 못하는 문제는 비단 우리만의 문제는 아닙니다. 하나의 언어권을 벗어나 다른 언어권으로 들어가면 누구나 곧장 부딪히는 문제입니다. 언어의 한계는 관계의 한계를 의미합니다. 관계를 확장하고 싶은 것이 본능이기 때문에 인간은 언어의 한계를 극복하고자 노력합니다. 그래서 내가 관계 맺고자 하는 다른 언어권의 사람들이 쓰는 말과 글을 배우려는 욕구가 생기는 것입니다.

소통을 갈망하는 인간, 하나의 언어를 탐하다!

기독교 구약성서의 창세기 11장에는 이런 이야기가 기록되어 있습니다. 쉽게 풀어 쓰자면 대략 이렇습니다.

처음에는 세상의 언어가 하나여서 모두 같은 말을 썼다. 사람들이 동쪽으로 이동하다가 시날(Shinar)의 평지에 정착해 그곳에서 도시를 건설하고자 했다. 벽돌을 구워서 튼튼한 성을 만들고 꼭대기가 하늘 끝까지 닿을 높은 탑을 쌓기 시작했다. 그 탑이 완성되면 누구나 그곳 사람들의 능력을 칭송할 것이고 그 탑으로 인해 사람들이 흩어지지 않고 모여 살 거라 생각했다. 이 모습을 내려다 본 신[하나님]은 이제 인간들이 교만해져서 무슨 일이든 원하는 대로 하고자 할 거라 우려했다. 인간들이 그런 엉뚱한 일을 벌일 수 있었던 것은 하나의 언어를 쓰기 때문이라 여겼다. 그래서 신은 말을 뒤섞어서 서로 소통하지 못하게 했다. 서로의 말을 이해하지 못하게 되자 사람들은 혼란에 빠져 도시를 건설하던 것을 멈추고 사방으로 흩어지게 되었다. 신이 인간의 언어를 뒤섞어 혼돈에 빠지게 하고 사람들을 흩어지게 했기 때문에 그곳을 바벨이라

19세기 중반에 활동한 프랑스 화가 구스타프 도레(Gustave Dore)의 작품으로, 기독교 성서 창세기에 나오는 바벨탑 건설과 언어의 혼돈을 묘사하고 있다.

고 부르게 되었다.

이 이야기 속에서 사람들이 하늘 끝까지 쌓고자 한 탑이 바로, 흔적은 찾을 수 없지만 여전히 유명한, '바벨탑'입니다. '바벨(Babel)'은 아카드어로 '신의 문(gate of god)' 또는 히브리어로 '혼동, 혼돈'을 뜻하는 옛 단어에서 유래했습니다. 바벨이란 말에 신의 문에 닿고자 한 인간의 욕망과 그로 인한 언어의 혼동이 모두 담겨 있다고 볼 수 있지요. 이 이야기를 실제 있었던 사실로 인정할지 말지는 각자의 자유입니다. 그런데 이 이야기에서 종교의 요소를 걸러내면 최소한 우리의 주제를 위해 필요한 두 가지 결론을 취할 수 있습니다.

첫째, 실제로 아주 오랫동안 인류는 세계 여기저기에 흩어져서 같은 언어를 사용하는 사람들끼리 모여 살았습니다. 말이 통하는 사람들이 모여 사회를 이루고 왕국을 만들고 독자적인 문명을 건설했습니다. 그러면서도 저 너머에는 어떤 사람들이 사는지, 우리보다 힘이 센지 약한지, 빼앗을 만한 게 있는지 궁금해 했습니다. 세력을 확장하는 과정에서 서로 충돌하거나 교류하며 역사의 페이지를 채워 왔지요.

둘째, 언어가 달라서 소통하지 못하면 관계를 맺기 힘들고 큰일을 벌일 수 없었습니다. 힘을 모아 바벨탑을 다시 세우는 '큰일'이 아니라, 돈벌이가 되는 무역이나 자기 종교를 퍼뜨리는 선교와 같은 '큰일'을 위해 의사소통이 필요했습니다. 그러나 점점 더 먼 곳으로 나아갈수록, 점점 더 많은 사람들을 만날수록, 언어가 너무도 다양하고 의사소통도 힘들다는 현실을 절감하게 되었습니다.

인류의 역사는 끊임없이 변화하고 발전해 왔지만 언어의 차이를 온전

언어는 민족의 고유한 특징이자 정체성이다. 이 그림은 19세기 후반에 활동한 미국의 교육자이자 저술가인 존 클라크 리드패스(John Clark Ridpath)가 자신의 책 〈Ridpath's History of the World(리드패스의 세계사), 1897〉에 그려 넣은 삽화로, 세계에 존재하는 주요 민족을 특징적으로 묘사하고 있다.

히 극복하지 못한 상태로 흘러 왔습니다. 그 과정에서 인간은 두 가지 상충되는 욕망을 품게 되었습니다. '다른 세계와 소통하고 싶다. 그런데 하나의 언어로 소통하고 싶다.' 이 욕망은 여러분의 간절한 희망과 유사합니다. '다른 외국어를 공부하지 않고 한국어로 세상 모든 사람들과 소통할 수 있다면 얼마나 좋을까?' 외국어를 공부하는 데 드는 시간과 노력의 부담감이 더해지면 이 욕망은 풍선처럼 부풀어 오르죠. 그래서 말이 통하지 않는 상대에게 자기 언어를 배우라고 요구하기도 합니다. 이를 테면 이런 식이죠.

중국인: 우리 둘이 말이 잘 통하면 무역으로 돈을 더 많이 벌 텐데, … 그렇지?
러시아인: 두말하면 잔소리지!
중국인: 그래서 말인데, 우리 중국이 인구가 훨씬 더 많으니까 네가 중국어를 배워. 그럼 내가 베이징덕(Beijing Duck) 10마리 사줄게.
러시아인: 아니야. 우리가 땅이 더 넓으니까 네가 러시아어를 배워. 그럼 내가 평생 시베리아에서 공짜로 스키 태워줄게.

때론 자기 언어를 배우라고 힘으로 윽박지르며 강요하는 경우도 있었습니다. 실제로 제국주의 시절에 여러 힘 센 국가들이 식민지에서 이런 행태를 보였지요. 일본도 우리나라를 침략해 식민지로 삼은 후 1940년을 전후해 조선어 말살 정책을 폈습니다. 학교에서 조선어 과목을 빼고 일본어를 필수 과목으로 넣었을 뿐만 아니라 이름도 일본식으로 바꾸도록 강요했습니다. 언어가 민족정신의 뿌리임을 잘 알고 벌인 일이지요. 그런데 이런 강요에 의한 의사소통으로 주종관계를 맺을 수 있을지는 몰라도 제대로 된 인간관계를 맺을 수는 없습니다. 자유롭게 의사소통을 하고 서로에게 도움이 되는 대등한 관계를 맺는 게 불가능하지요. 현대사회에서는 더욱 그렇습니다.

'하나의 언어 사용 + 가능한 한 많은 사람들과의 의사소통.' 이 욕망을 충족시키기 위해 어쩔 수 없이 차선의 선택을 할 수밖에 없습니다. 그 선택 기준은 '나에게 가장 이익이 되는 하나의 외국어를 배우자!'입니다. 그럼 이 기준을 충족시키기 위해 구체적으로 어떤 외국어를 선택해야 할까요?

Why should I Learn English?

02

링구아 프랑카

21세기를 지배하는 제국의 언어들
일본/일본어
독일/독일어
{ 프랑스/프랑스어 }
러시아/러시아어
스페인/스페인어
중국/중국어
후회 없는 선택

21세기를 지배하는 제국의 언어들

현재 세상에는 몇 개의 언어가 사용되고 있을까요? 세계 언어 통계 사이트인 '에스놀로그(Ethnologue)'의 2018년 발표에 의하면 전 세계에서 사용되고 있는 언어는 7,097개입니다. 아마도 수천 년 전에는 언어의 수가 훨씬 더 많았을 겁니다. 세월이 지나면서 언어의 수는 계속 감소해 왔습니다. 사용 인구가 줄다가 결국 소멸되는 언어가 생겼기 때문이고, 제국주의 시절 식민지였던 곳의 토착 언어들이 사라지고 그 자리에 유럽 제국들의 언어가 뿌리내렸기 때문이기도 합니다.

그런데 이 많은 언어들 중에 최소 1억 명 이상이 공식 언어로 사용하는 언어들을 꼽아 보면 이렇습니다. 중국어, 스페인어, 영어, 힌두어, 아랍어, 러시아어, 프랑스어, 포르투갈어, 벵갈어, 말레이어, 독일어, 일본어. 전 세계 인구 76억 명 중에 이 12개 언어를 공식 언어로 사용하는 인구는 약 45억 명으로, 전체의 60%에 달합니다.

사용 인구가 많은 외국어를 선택해서 공부하면 그만큼 많은 사람들과 소통하며 관계를 맺을 수 있고 자기 삶의 시간과 공간을 확장할 기회도 더 많이 얻을 수 있습니다. 관계를 통해 그 사람들의 공간과 시간을 공유할 수 있기 때문입니다. 따라서 12위권 안에 드는 이 언어들 중 하나를 외국어로 공부하는 것은 바람직한 선택입니다. 그런데 이 중에는 아직 학습 여건이 갖추어지지 않아 국내에서 배우기 힘든 언어들이 있습니다. 힌두어, 아랍어, 포르투갈어, 벵갈어, 말레이어 등이 그런 언어들인데, 누구라도 선뜻 선택하기가 쉽지 않지요.

선택의 기준에 실용성과 접근성을 첨가하면 조금 더 '나에게 이익이 되는' 언어들이 추려집니다. 세계의 정치, 경제, 문화에 막강한 영향력을 발휘하는 언어이며 이미 많은 사람들이 외국어로 배우고 있는 언어로 7개를 꼽을 수 있습니다. 영어, 중국어, 스페인어, 러시아어, 프랑스어, 독일어, 일본어.

가만히 들여다보면 이 언어들의 공통점이 보입니다. 이 언어들의 주인이라 할 국가들인 영국, 미국, 중국, 스페인, 러시아, 프랑스, 독일, 일본은 모두 한때 제국으로서 세계 여러 지역을 정복해 식민지로 삼았던 전력이 있고, 현재도 부유하고 힘이 센 국가로서 전 세계에 큰 영향력을 행사하고 있다는 사실입니다. 그리고 또 하나의 공통점은 이 언어들이 한때 링구아 프랑카의 역할을 했거나 현재 그 역할을 하고 있다는 점입니다.

링구아 프랑카(lingua franca)! 갑자기 튀어나와 많은 이들을 심히 당황하게 만들었을 이 낯선 용어는 이탈리아 말인데, lingua는 '말, 언어(language)'를 뜻하고 franca는 '프랑크족의, 프랑크왕국의'를 뜻합니다. '프랑크의 말'이죠. 한때 유럽을 호령했던 프랑크 왕국은 현재의 프랑스, 독일, 이탈리아 북부, 네덜란드를 아우르는 서부와 중부 유럽 지역을 차지했습니다. 그래서 왕국 내에서 이들 지역의 언어들이 모두 사용되었습니다. 그러다가 훗날 지중해 무역이 번성할 무렵 주요 항구들에서 각지의 무역상들이 유럽의 거의 모든 언어들을 사용했기 때문에 그 언어들을 통틀어서 이탈리아어로 '링구아 프랑크'라 부르게 된 것으로 추정하고 있습니다. 프랑크 왕국이 유럽을 대표하는 나라였기 때문에 아랍의 상인들이 유럽을 프랑크라고 불러서 '유럽 말'을 뜻하는 의미로 썼다는 설도 전해

프랑크왕국은 5세기 말부터 9세기까지 서부와 중부 유럽을 차지하며 유럽을 대표하는 제국으로 이름을 떨쳤다. 프랑크제국은 843년에, 지도에서 보듯, 3개의 왕국으로 분할되었다. 〈출처: 위키피디아〉

집니다.

그런데 지금은 조금 다른 의미로 씁니다. 오랜 전통을 자랑하는 메리엄웹스터(Merriam-Webster) 영어사전에는 이렇게 정의되어 있습니다.

* lingua franca: a language that is used among people who speak various different languages

즉, 링구아 프랑카는 '각기 다른 다양한 언어를 말하는 사람들 사이에서 사용되는 하나의 언어'입니다. 예를 들어 미국사람, 중국사람, 일본사람, 프랑스사람, 한국사람이 모여서 한국어로 소통한다면, 한국어가 링구아 프랑카가 되는 것이지요. 이 경우 다른 모국어를 쓰는 사람들이 한국어를 배워서 기본적으로 듣고 말할 수 있어야겠지요. 자기의 귀중한 시간과 노력을 투자해서 배울 만한 언어, 배워서 남 주지 않고 자국어 대신 쓴다고 해서 억울할 것도 없는 언어라야 링구아 프랑카의 지위에 오를 수 있습니다. 따라서 한때 링구아 프랑카였다면 그 언어를 사용하는 사람들이 아직 많이 남아 있다고 짐작할 수 있으며, 현재 링구아 프랑카의 위치에 있다면 계속 그 언어를 배우는 사람들이 증가하고 있다고 볼 수 있습니다.

세계 언어 마을의 칠공주로 뽑힌 영어, 중국어, 스페인어, 러시아어, 프랑스어, 독일어, 일본어는 외국어로 선택해서 공부하면 여러분에게 큰 이익을 안겨 줄 가치 있는 언어들입니다. 여러분의 선택을 기다리는 이 후보들을 뒤에서부터 간단히 소개해 보겠습니다.

일본/일본어

일본은 19세기에 류쿠왕국(현 오키나와)을 정복해 복속시키고 청일전쟁(1894~1895년)과 러일전쟁(1904~1905년)에서 잇따라 승리하면서 조선을 손아귀에 넣고 제국으로 성장했습니다. 이후 아시아의 여러 나라들을 점령해 세력을 키우다가 미국 하와이의 진주만을 공격하며 태평양전쟁(1941~1945년)을 일으켰지요.

일본군의 폭격에 맞아 화염에 휩싸인 미국 군함. 일본은 1941년 12월 7일에 미국 하와이의 진주만을 기습 공격하며 태평양전쟁을 일으켰다. 이후 4년 동안 미국을 상대로 전쟁을 지속할 만큼 당시 일본의 힘은 만만치 않았다.

 지금도 그렇지만, 전쟁을 일으킬 당시에도 일본은 결코 만만한 나라가 아니었습니다. 메이지유신 이후 서구 문물을 적극적으로 받아들이고 기초학문과 공업기술의 수준을 높여 철강과 석탄, 면직물 등 주요 공업 분야에서 선진국 반열에 올라 있었습니다. 전쟁에 패해 주저앉았지만, 학문과 기술은 고스란히 남아 전후 국가 재건의 토대가 되었습니다.

 일본어를 공부하면 그런 발달된 학문과 기술에 접근할 기회를 얻게 됩니다. 일본은 2018년까지 24명의 노벨상 수상자를 배출했는데, 경제학상을 제외하고 모든 분야에서 수상자가 나왔습니다. 그만큼 쌓아 놓은 지식의 수준이 높은 겁니다. 일본은 경제와 무역 규모 면에서 세계 3~4위권에 드는 경제 대국입니다. 일본어는 주로 일본 안에서 통용되지만, 사용 인구는 약 1억 2천만 명에 달합니다.

독일/독일어

1871년 유럽의 프로이센, 알자스, 로렌 지역이 합쳐지면서 독일제국이 역사에 등장하게 되었습니다. '철의 재상'으로 불린 비스마르크(Bismarck) 수상이 통일과 번영을 주도한 덕분에 유럽의 강국으로 부상했지요. 그러나 20세기 전반기에 제1차 세계대전(1914~1918년)과 제2차 세계대전(1939~1945년)에서 연거푸 패하며 악명만을 남긴 채 전범국으로 몰락했고 결국 서독과 동독으로 분단되었습니다. 냉전시대 동안 자본주의와 공산주의 체제의 대결을 상징하는 위치에 있었지만, 서독과 동독은 각기 부활을 준비해 왔고 1990년에 기어이 열망하던 통일을 이루었습니다.

사실 히틀러와 전쟁이라는 검은 장막을 걷어 내면 독일의 빛이 드러납니다. 우리가 한 번쯤 이름을 들어 본 적이 있는 칸트, 니체, 하이데거, 쇼펜하우어, 마르크스 같은 철학자들과 볼프강 폰 괴테, 프리드리히 쉴러, 라이너 마리아 릴케, 헤르만 헤세, 토마스 만, 귄터 그라스 같은 문학가들, 바흐, 헨델, 베토벤, 바그너, 브람스, 슈만, 멘델스존 같은 작곡가들이 독일을 빛내고 있습니다.

독일은 거의 모든 산업 분야에서 세계를 주도하고 있는데, 특히 기계 분야는 세계 최고 수준입니다. 메르세데스-벤츠, BMW, 아우디, 폭스바겐

군대를 사열하는 아돌프 히틀러의 모습. 히틀러는 1939년에 제2차 세계대전을 일으켜 수많은 유럽인들을 공포와 고통 속으로 몰아넣었다.

같은 세계적인 자동차 메이커들이 독일의 기술력을 상징합니다. 또한 사회체제도 견고하고 안정적이어서 많은 국가들의 모범이 되고 있습니다. 현재 독일은 유럽연합(EU)을 이끌고 있는 핵심국가이며, 경제와 무역 규모 면에서 세계 3~4위권에 드는 부국입니다.

독일, 오스트리아, 스위스, 리히텐슈타인, 벨기에, 룩셈부르크 등지에서 약 1억 3천만 명이 독일어를 공용어로 사용하고 있습니다. 아프리카와 아랍의 난민들을 적극적으로 수용하고 있기 때문에 독일어 사용 인구는 계속 증가할 것으로 예상됩니다. 독일어를 공부하면 독일과 유럽 여러 나라의 발달된 산업기술과 제도, 학문과 문화를 접하기에 유리하겠지요.

프랑스/프랑스어

프랑크왕국 이후 프랑스는 유럽의 역사에서 항상 강한 나라로 명성을 떨쳤습니다. 영국에게 밀리기 전까지는 북아메리카, 동남아시아, 아프리카 등지에 많은 식민지를 보유해 부를 쌓기도 했습니다. 제국주의 시절인 1866년, 강화도에서 조선군과 프랑스군이 한바탕 전투를 치른 적도 있는데, 이 사건을 병인양요라고 합니다. 조선의 외규장각 도서들을 프랑스군이 그때 훔쳐갔지요. 1789년에 일어난 프랑스혁명으로 절대왕정과 신분제가 무너졌고, 자유와 평등의 이념이 전 세계에 퍼지게 되었습니다. 19세기 초에는 나폴레옹 황제의 정복 전쟁으로 많은 유럽인들이 고통을 겪기도 했고, 제2차 세계대전에서는 독일에게 항복하는 수모를 겪기도 했습니다.

유럽 여러 나라의 왕실과 귀족 사이에서 프랑스어가 애용된 덕분에 프랑스어는 일찌감치 링구아 프랑카의 반열에 올랐습니다. 프랑스어는 현재 영어와 더불어 국제연합(UN)과 유럽연합(EU)의 공식 업무 언어로 사용되고 있습니다. 또한 근대올림픽을 창시한 쿠베르탱 남작이 프랑스 귀족이었기 때문에 프랑스어는 국제올림픽위원회(IOC)의 공식 언어이기도 합니다. 올림픽 대회의 개폐회식이나 시상식에서 프랑스어-영어-개최국어 순서로 같은 말을 반복하는 것을 들을 수 있지요.

프랑스는 미국, 영국, 러시아, 중국과 더불어 유엔 안전보장이사회 상임이사국이며 핵무기를 보유한 군사강국입니다. 또한 유럽 최대의 농업국이며, 산업 기술 선진국이기도 합니다. 우리나라의 고속철도 KTX 열차도 프랑스의 테제베(TGV) 시스템을 들여온 것이죠. 또한 프랑스는 매년 8천만 명이 넘는 외국인들이 찾아오는 세계 1위의 관광대국이기도 합니다. 에

프랑스를 상징하는 대표적인 건축물인 에펠탑(Eiffel Tower)은 프랑스혁명 100주년을 기념해 개최된 세계박람회를 위해서 1889년에 세워진 것이다.

펠탑, 개선문, 베르사유 궁전, 노트르담 대성당, 루브르 박물관, 오르세 미술관, 몽블랑 같은 매력적인 관광지가 많기 때문이지요. 또한 프랑스는 세계 패션 산업을 선도하는 국가이며, 중국, 터키와 더불어 세계 3대 음식 국가이기도 합니다. 그래서 패션과 요리를 공부하기 위해 전 세계에서 많은 학생들이 유학을 오기도 합니다. 물론 프랑스어도 함께 배우지요.

프랑스어는 프랑스, 벨기에, 룩셈부르크, 스위스, 네덜란드, 리히텐슈타인, 안도라 등의 여러 유럽 국가들과 캐나다의 퀘벡, 그리고 알제리, 콩고, 카메룬, 세네갈, 가봉, 모나코 같은 과거 프랑스의 식민지였던 여러 아프리카 국가들에서 약 3억 3천만 명이 사용하고 있습니다. 프랑스어는 소리와 어감이 부드럽기 때문에 세상에서 가장 우아한 언어로 여겨집니다. 직접 공부해 보면 그 우아함을 느낄 수 있겠지요.

러시아/러시아어

러시아는 세계에서 가장 영토가 넓은 나라입니다. 유럽 대륙의 동쪽에서 아시아 대륙의 동쪽 끝 북태평양에 이르는 광활한 땅으로, 지구 육지 면적의 약 7분의 1을 차지하고 있지요. 러시아인들은 오랫동안 자신들을 유럽인이라고 생각하며 유럽의 여러 나라들과 관계를 맺고자 했습니다. 러시아는 유럽, 특히 서유럽의 발달한 문명을 동경했지만, 정작 유럽인들은 러시아를 동쪽에 있는 변방쯤으로 바라보았습니다. 그러다가 17세기 말부터 서유럽의 제도와 선진 기술을 받아들이고 영토를 계속 확장하면서 러시아는 제국으로 발돋움했습니다.

이후 러시아 제국의 운명은 그리 순탄치 않았습니다. 크림전쟁(1853~1856년), 러일전쟁에서 패하고 제1차 세계대전을 치르며 국력이 약해졌고 국민들의 삶도 피폐해졌습니다. 러시아의 황제는 국민들의 생활고를 해결하지 못한 채 억압으로 불만을 누르고자 했고, 결국 1917년 러시아 혁명이 일어나게 됩니다. 레닌의 주도 하에 농민과 노동자들이 황제를 몰아내고 사회주의 혁명을 일으킨 대사건이었습니다. 그리고 뒤이어 1922년에 역사상 최초의 공산주의 국가인 소비에트 사회주의 공화국 연방이 수립되었는데, 이를 우리는 한자어로 '소련(蘇聯)'이라 불렀지요.

레닌 사망 후 1924년부터 권력을 잡은 스탈린은 거대 연방을 이끌며 공업화를 진행해 경제를 키워 나갔습니다. 그러나 1941년 독일의 침공으로 제2차 세계대전에 참전하면서 다시 격랑에 휩싸이게 됩니다. 다른 유럽 국가들보다 전쟁에 늦게 가담했지만 피해는 가장 심했습니다. 소련의 공식 발표에 따르면 전쟁 중 군인과 민간인을 합해 약 2,900만 명의 소련인들이 사망했고, 모스크바 서쪽 영토는 완전히 폐허로 변하고 말았습니다. 그러나 전쟁 승리에 공헌한 대가로 소련은 전 세계에 막대한 영향력을 행사하게 되었습니다.

전범국 독일과 일본이 점령했던 지역의 일부를 영토로 흡수했고, 체코, 헝가리, 폴란드 등 여러 동부 유럽의 국가들과 중국, 베트남, 북한 등 아시아 국가들의 공산화를 주도했습니다. 1991년 소비에트 연방이 해체될 때까지 소련은 공산주의 세력의 맹주로서 미국이 주도하는 자본주의 세력과 대립하며 냉전시대를 이끌었습니다. 소비에트 연방의 해체와 공산주의의 몰락으로 힘은 조금 잃었지만, 러시아는 지금도 국제 정치를 좌우하는 주요 국가들 중 하나입니다.

수십 년 동안 우리의 적국이자 공포의 대상으로 멀리했기 때문에, 사실 우리는 아직 러시아에 대해 아는 것보다 알아야 할 것이 훨씬 더 많습니다. 우선 주목해야 할 것이 러시아의 과학 수준과 기술력입니다. 세계 최초의 인공위성 스푸트니크 1호, 세계 최초의 우주비행사 유리 가가린을 떠올리면 수십 년 전부터 러시아의 과학이 세계적인 수준이었음을 짐작할 수

러시아 상트페테르부르크의 지하철역에 설치된 안내문. 키릴문자는 슬라브어 표기를 위해 9세기에 고안된 문자체계로, 러시아와 동부 유럽 여러 나라에서 공식 문자로 사용하고 있다.

있지요. 수학, 물리학 등의 기초 학문이 발달하지 않았다면 우주 개척은 불가능했을 테니까요. 지금까지 미국과 맞먹는 군사 강국의 위치를 지키는 것도 수준 높은 과학과 기술 덕분이겠지요.

영토가 가장 넓은 만큼 러시아는 세계에서 가장 많은 지하자원을 보유하고 있으며, 주요 산유국이기도 합니다. 석유와 천연가스를 포함한 지하자원의 수출 금액이 전체 수출액의 약 70%를 차지합니다. 유럽의 여러 나라가 러시아의 지하자원에 의존하고 있지요. 또한 러시아는 식량대국이기도 합니다. 1억 4천만 명의 국민들을 먹이고도 남는 식량은 모두 수출하고 있는데, 2030년이면 세계 1위의 식량 수출국 지위에 오를 것으로 예상됩니다. 그러면 러시아의 영향력은 더 커지겠지요.

현대의 역사에서 차지한 비중만큼 러시아어도 널리 퍼져 있습니다. 러시아, 우크라이나, 카자흐스탄, 키르기스스탄, 타지키스탄, 조지아 등 과거 소비에트 연방에 속했던 여러 국가들과 동유럽 국가들에서 약 2억 7천만 명이 러시아어를 사용하고 있습니다. 톨스토이, 도스토예프스키, 고리키, 솔제니친, 푸시킨 같은 러시아 문호들의 작품들과 더불어 러시아 말과 키릴문자는 계속 링구아 프랑카로서 매력을 유지할 것으로 예상됩니다.

스페인/스페인어

스페인은 포르투갈과 더불어 대항해시대 항로 개척의 선두주자였습니다. 유럽인들에게는 미지의 세계였던 아프리카, 아시아, 아메리카 대륙으로 가는 바닷길을 개척하기 위해 배를 타고 모험을 하던 시기를 대항해 시대라고 하지요. 후추, 정향, 계피 같은 값비싼 향신료, 금과 은을 차지하기 위한 목적도 있었고 그리스도교를 전파할 목적도 있었습니다.

1492년에 크리스토퍼 콜럼버스가 아메리카 대륙에 상륙하면서 스페인의 정복이 시작되었습니다. 1521년에 에르난 코르테스가 아스텍 제국(멕시코 지역)을 정복했고, 1532년에는 프란시스코 피사로가 잉카제국(페루, 칠레, 에콰도르, 볼리비아 일대)을 무너뜨렸습니다. 이후 스페인은 닥치는 대로 금과 은을 빼앗아 본국으로 실어 왔습니다. 원주민들의 노동력을 착취해서 광산을 개발해 금과 은을 캐냈고, 대규모 농장에서 사탕수수, 커피, 담배 같은 값비싼 농작물을 수확해 유럽으로 실어 날랐습니다.

1492년 아메리카 대륙에 상륙한 콜럼버스를 묘사한 그림이다. 이후 약 400년 동안 스페인은 중남미 아메리카를 식민지로 삼아 부를 축적했다.

그로 인해 스페인은 유럽의 강대국으로 부상했지만, 중앙아메리카와 남아메리카의 문명은 완전히 파괴되었고 유럽에서 전파된 전염병과 잔혹한 노동 착취로 인해 원주민의 수가 90%나 줄어들었습니다. 비록 1588년에 무적함대 '아르마다'를 이끌고 영국 정복에 나섰다가 영국 해군에게 대패한 후 힘이 한풀 꺾이긴 했지만, 스페인의 라틴아메리카 식민지는 계속 유지되었습니다. 19세기에 연속적으로 일어난 독립운동으로 라틴아메리카에서 쫓겨나기 전까지, 스페인은 약 400년 동안 수탈을 통해 부를 축적

했답니다.

오랫동안 이어진 스페인의 지배는 라틴아메리카에 종교와 언어를 남겼습니다. 대다수의 사람들이 가톨릭을 믿으며, 포르투갈의 식민지였던 브라질을 제외하고 대부분의 나라에서 스페인어를 사용합니다. 중남미의 4억 3천 만 명과 스페인 인구 4,600만 명을 비롯해 전 세계에서 약 5억 명이 일상에서 스페인어를 사용하지요.

스페인은 2018년 기준 세계 2위의 관광대국입니다. 로마제국과 이슬람 세력의 지배를 받았고 오랫동안 가톨릭의 수호자 역할을 했기 때문에 다양한 문화가 혼재되어 있습니다. 기후가 온화하고 관광 자원이 잘 관리되어 있기 때문에 매년 약 7천만 명의 해외 관광객들이 스페인을 찾고 있습니다. 사그라다 파밀리아 성당, 세비야 대성당, 이슬람 유적인 알람브라 궁전, 그리고 세계적인 건축가인 안토니오 가우디가 설계한 카사 바트요와 구엘 공원이 여러분을 기다리고 있습니다.

중국/중국어

중국은 고대부터 동아시아에서 가장 크고 강한 나라였습니다. 물론 오랜 세월 동안 중국 대륙에서 여러 왕국들이 흥망성쇠를 반복했지만, 주변 지역에 항상 많은 영향력을 행사해 왔습니다. 그래서 지금까지도 중국인들의 마음속에는 "중화(中華)" 사상이 깊이 뿌리내리고 있습니다. 중화 사상은 중국이 가장 우수한 국가로서 세계의 중심이라는 생각이지요. 이 생각에 동의하지는 못하더라도, 역사적으로 우리 민족을 비롯해 많은 아시아인들이 중국의 영향을 받았다는 것은 인정할 수밖에 없는 사실입니다.

우리는 삼국시대 이전부터 중국의 정치 제도와 법률, 사상과 문물을 적극적으로 받아들였습니다. 정확한 기록은 없지만, 중국의 문자인 한자는 기원전 2세기경인 고조선 시대에 한반도에 전해져 삼국 시대부터는 공식적인 문자로 사용되었습니다. 1446년 세종대왕의 한글 반포 전까지 한자를 모르면 글을 읽을 수가 없었지요. 한자와 더불어 유교 사상도 들어왔고, 고구려 소수림왕 때인 372년에는 중국을 통해 불교도 전해졌습니다. 우리 조상들이 중국어와 한자를 통해서 기원전 6세기와 7세기에 살았던 공자와 석가모니의 사상을 접하게 된 것입니다.

중국어와 한자는 아주 오랫동안 동아시아의 링구아 프랑카였습니다. 그래서 우리말과 일본어, 동남아시아 여러 국가들의 언어에는 중국어의 영향이 많이 남아 있습니다. 국어사전을 한번 들춰보면 우리가 얼마나 많은 한자어를 사용하고 있는지 짐작할 수 있습니다. 이 문장에서도 '국어(國語), 사전(辭典), 한자어(漢字語), 사용(使用), 짐작(斟酌)' 등의 단어들이 모두 한자어랍니다.

중국의 마지막 왕조인 청이 무너지고, 1949년에 마오쩌둥[모택동]이 이끈 공산 혁명으로 중화인민공화국이 건국되었습니다. 그리고 한국전쟁에 적국으로 참전하면서 우리와 멀어져, 한동안 '중공(中共)'이란 호칭으로 불리며 '다른 세상'의 존재가 되었습니다. 그러다가 1978년에 중국 지도자였던 덩샤오핑[등소평]이 개혁과 개방 정책을 추진해 자본주의 경제체제를 받아들이면서 다시 대국으로 변모하기 시작했습니다. 이후 40여 년 동안 중국 경제는 눈부시게 성장해 지금은 무역 규모 세계 1위, 경제 규모 세계 2위의 자리에 올라 있습니다. 경제의 성장과 더불어 세계 정치 무대에

등소평은 개혁과 개방 정책을 실시하고 자본주의 경제체제를 도입해 중국을 강대국으로 변모시켰다. 사진은 2007년에 중국 관동성 선전시에서 찍힌 대형 선전판으로, 오른쪽 등소평 사진과 함께 왼쪽 상단에 "당의 기본 노선을 100년 동안 흔들림 없이 유지한다."는 뜻의 중국어가 적혀 있다.

서도 주역으로 부상했습니다. 이제 미국과 중국이 세계 정치에서 가장 중요한 결정권자임을 부인할 수 없습니다.

1992년에 한국과 중국은 정식 수교를 맺었습니다. 이후 두 나라의 관계는 점점 긴밀해졌고 무역 규모도 급속히 성장했으며 교류도 빈번해졌습니다. 양국의 교역 규모는 2,000억 달러를 넘어서 중국이 우리의 가장 중요한 수출국이 되었습니다. 또한 무수히 많은 비즈니스맨, 유학생, 관광객이 왕래하고 있습니다. 중국은 남북한의 관계와 통일 문제에 있어서도 큰 영향력을 행사하는 중요한 국가입니다. 이제는 떼려야 뗄 수 없는 운명적인 관계가 되었지요.

중국의 표준어에 해당하는 '보통화(普通話)'를 사용하는 인구는 약 12

억 명에 달하고, 홍콩, 대만, 동남아시아의 화교들이 쓰는 사투리까지 포함하면 약 14억 명이 일상에서 중국어를 사용합니다. 중국의 성장으로 중국어의 영향력도 점차 커지고 있습니다. 세계 최대의 소비 시장에서 사업으로 큰돈을 벌고 싶어 하는 비즈니스맨들과 중국에서 학문과 언어를 배우고자 하는 유학생들은 물론, 다양한 영역에서 중국인들과 관계를 맺고 싶어 하는 외국인들이 중국어를 배우고 있습니다. 중국어와 함께 미래의 가능성을 붙잡으려는 사람들은 앞으로도 계속 많아질 것입니다.

후회 없는 선택

'영어를 공부하는 이유'를 제목으로 단 책에서 이렇게 다른 언어들을 다소 장황하게 소개하고 있는 이유는 뭘까요? 무슨 이유에서든 영어가 싫다면, 정말 싫다면, 대안으로 선택할 만한 언어들이기 때문입니다. 여러분이 시간과 노력을 투자해서 배워도 결코 후회하지 않을 만큼 가치 있는 언어들이기 때문입니다.

우선, 이 언어들을 사용하는 사람들이 많습니다. 이 언어들을 통해 여러분이 관계 맺을 수 있는 사람들의 수가 많은 거죠. 그리고 이 언어들을 퍼뜨린 나라들은 강하고 부유합니다. 그들의 힘은 한반도에 살고 있는 우리들에게 항상 직간접적으로 영향을 미칩니다. 그들과의 관계 속에서 우리의 삶과 미래가 바뀔 수 있습니다. 그래서 더욱 언어를 통해 그들과 적극적으로 소통하며 긍정적인 관계를 맺을 필요가 있지요.

또한 그들의 언어는 하나의 흥미롭고 거대한 스토리와 같습니다. 외국어를 공부한다는 것은 그 언어를 쓰는 사람들의 사회와 문화와 역사 속으로 뛰어든다는 의미입니다. 이들 언어권의 역사와 문화, 사람들의 생각을 제대로 알려면 그 언어를 배워야 하며, 그래야 그 멋진 스토리에 뛰어들어 특별한 삶의 재미를 느낄 수 있습니다.

이제 이 책의 주인공인 영어가 남아 있습니다. 왜 '영어 공부' 소리를 귀 아프게 들어야 하는지, 영어가 어떻게 우리 삶의 공간과 시간을 확장시키는지, 영어가 얼마나 중요하고 매력적인 언어인지, 그 막강한 힘을 느껴봅시다.

Why should I Learn English?

03

섬나라의 언어에서
세계의 언어로!

{ Your Roman–Saxon–Danish–Norman English

강한 언어, 해가 지지 않는 제국

영어의 영향력을 키운 젊고 강한 나라 }

Your Roman-Saxon-Danish-Norman English

〈로빈슨 크루소(Robinson Crusoe)〉란 소설로 우리에게 친숙한 영국 작가 대니얼 디포(Daniel Defoe, 1660~1731년)는 영어를 이런 말로 표현했습니다.

"Your Roman-Saxon-Danish-Norman English"

이 한마디에 영어의 역사, 영어의 성장 과정이 함축적으로 담겨 있습니다. 우선 English를 제외하고 여기에서 언급된 네 가지 언어를 간단히 설명하면, Roman은 로마제국의 언어, Saxon은 게르만족의 언어, Danish는 덴마크 지역에 살던 바이킹의 언어, Norman은 프랑스 노르만 (노르망디)공국의 언어를 말합니다. 대니얼 디포는 이 네 개의 언어들이 영어에 큰 영향을 미쳤다는 의미로 한 말인데, 영어의 성격과 능력을 이해하려면 역사 속으로 들어가 암호와도 같은 이 말을 해독해 볼 필요가 있습니다.

아주 먼 옛날, 지금 영국이 있는 브리튼(Britain) 섬에는 켈트족(Celts)이 살고 있었습니다. 청동기 시대부터 정착해서 여러 부족으로 나뉘어 살았지요. 그런데 유럽 대륙에 제국을 건설한 로마가 브리튼 섬을 탐냈습니다. 기원전 54년에 카이사르(시저)는 대군을 이끌고 침공에 나섰습니다. 그러나 완전한 정복에는 실패했고, 그로부터 약 100년 후인 서기 43년이 되어서야 로마 황제 클라우디우스가 브리튼 정복에 성공했습니다. 이후 300년 동안 브리튼의 켈트족은 로마의 지배를 받았지만, 켈트 말이나 로마의 말은 영어와는 별 관련이 없습니다. 왜냐하면 영어는 아직 브리튼 섬에 들어오지 않았으니까요.

5세기에 접어들자 로마제국은 잦은 외세의 침략과 반란으로 인해 위기에 처하게 됩니다. 410년 호노리우스 황제는 브리튼 섬에 주둔한 군대를 철수시켜 본토를 방어하게 합니다. 로마군이 빠져나가자 브리튼 섬의 비옥한 동부와 남부를 차지하기 위해 여러 부족이 쳐들어오는데, 로마 식민지를 통치하던 보티건은 유럽의 북쪽에서 게르만(German)족의 일파인 주트족(Jutes)을 용병으로 불러들여 침략을 막고자 했습니다. 그런데 주트족은 브리튼 섬의 동쪽 땅이 무척 마음에 들었습니다. 자기들 고향보다 기후도 좋고 땅도 좋아서 탐이 났던 거지요. 그래서 주트족은 그곳에 켄트(Kent) 왕국을 세우고 눌러앉아 버렸습니다.

주트족이 바다를 건너가 팔자를 고쳤다는 소문이 유럽 북부에 퍼지자, 다른 게르만 족인 색슨족(Saxons)과 앵글로족(Angles)이 5세기 말부터 7세기 초까지 약 100년 동안 브리튼 섬으로 이주해 왕국을 건설했습니다. 토착민인 켈트족은 이들에게 쫓겨 북쪽 산악지역으로 밀려났고, 빈 땅에는 게르만족이 세운 일곱 개의 왕국이 들어섰습니다. 이제 드디어 영어가 등장합니다.

브리튼 섬에 이주한 게르만족 중에서 앵글로족이 수가 가장 많았고 힘도 가장 셌기 때문에 땅도 가장 많이 차지했습니다. 그래서 훗날 브리튼 섬은 '앵글로 사람들의 땅'이란 의미로 '잉글랜드(England)'가 되었고, 그들의 언어를 '잉글리시(English)'라고 부르게 된 것입니다. 영어가 게르만 언어에서 시작되었기 때문에, 독일어 German과 비슷한 말이 많이 남아 있습니다. 예를 들어 아침 인사인 영어 Good Morning!과 독일어 Guten

게르만족이 브리튼 섬으로 이동해서 세운 7왕국의 위치를 보여주는 지도. 노섬브리아(Northumbria), 머시아(Mercia), 이스트앵글리아(East Anglia)가 앵글로족이 세운 왕국이다.

Morgen!(구텐 모르겐)은 형태가 비슷하지요. 그래서 언어학에서는 영어와 독일어를 같은 게르만어(Germanic languages)로 분류합니다.

게르만족의 일곱 개 왕국이 각기 나라의 기틀을 다질 무렵, 마치 이주를 축하하기라도 하듯 동로마제국에서 성직자들이 귀중한 선물을 들고 찾아옵니다. 이 성직자들은 교황의 명령에 따라 브리튼 섬에 들어와 교회를 세우고 그리스도교를 전파했습니다. 이로써 영국인들도 유럽 대륙의 사람들과 같은 종교를 믿는 신앙 공동체에 속하게 되었습니다. 또한 그리스도교가 널리 퍼지면서 예배나 성서의 개념을 표현하는 pope(교황), minister(목사), angel(천사), heaven(천국) 같은 라틴어〔로마어〕와 희랍어〔그리스어〕 단어들이 영어에 유입되었습니다.

동로마제국의 성직자들이 전해 준 또 하나의 귀중한 선물은 알파벳이었습니다. 지금의 관점에서는 영어를 알파벳으로 표기하지 않는다는 것이 상상하기 힘들지만, 당시 영국의 게르만인들은 '룬(runes)' 문자를 쓰고 있었습니다. 룬 문자는 돌이나 나무, 동물 뼈 등에 글자를 새기기 쉽도록 거의 다 직선으로만 이루어진 문자였는데, 간단한 단어나 아주 짧은 문장만을 표현할 수 있었습니다. 로마의 성직자들은 알파벳과 더불어 가죽을 손질해 글자를 쓰는 방법도 전해 주었기 때문에, 알파벳은 영어를 표현하는 편리한 문자로 자리를 잡았습니다.

11세기 초에 영어 알파벳으로 기록한 〈베오울프(Beowulf)〉 필사본 사진이다. 〈베오울프〉는 영웅담을 장편 서사시의 형태로 쓴 작자 미상의 작품으로, 고대 영어 연구를 위해 가장 중요한 문헌이다.

8세기부터 11세기까지 유럽과 브리튼 섬은 바이킹족의 침략에 시달렸다. 그림은 영국 화가 프랭크 딕시(Frank Dicksee)의 1873년 작품으로, 거칠고 용감한 바이킹의 모습이 잘 묘사되어 있다.

    8세기부터 유럽 대륙은 바이킹족의 침략으로 몸살을 앓았습니다. 바이킹족은 스칸디나비아 반도와 덴마크 지역에 살던 게르만족이었는데, 무척 춥고 농사지을 땅도 부족한데다가 인구가 증가하자 새로운 '먹을거리'를 찾아서 남쪽으로 이동하기 시작했습니다. 바이킹족은 수백 년 동안 유럽 곳곳의 해안지역에 침입해 약탈을 저지르거나 정복을 통해 정착하기도 했습니다. 바이킹족이 지리적으로 가까운 브리튼 섬을 가만둘 리가 없었지요. 영국은 8세기말부터 300년 동안이나 바이킹족의 침략에 시달렸습니다. 일곱 개의 왕국들 중 바이킹과의 전쟁을 주도한 것은 웨식스(Wessex) 왕국이었습니다. 웨식스 왕국은 다른 왕국들에 침입한 바이킹족을 몰아내면서 927년에 최초로 브리튼 섬의 통일을 이루었습니다.

그러나 덴마크의 바이킹들인 데인족(Danes)은 집요하게 브리튼 섬의 정복을 시도했고, 결국 1016년에 에드먼드(Edmund) 왕이 죽자 영국인들은 덴마크의 왕 크누트(Cnut)에게 항복하고 말았습니다. 이후 수십 년 동안 덴마크 왕의 통치를 받으며 영국은 식민지가 되었습니다. 이 시기에 약 150개의 데인어가 영어에 유입되었는데, sky(하늘), skin(피부), skill(기술) 같은 sk-로 시작하는 명사들과 take(갖다, 받다), throw(던지다), cut(자르다), call(부르다) 같은 동사들, happy(행복한), wrong(잘못된, 틀린), dirty(더러운) 같은 형용사들, they, them, their 등이 데인어에서 온 말들입니다. 덴마크의 통치가 더 오래 지속되었다면 더 많은 데인어가 영어에 흡수되었겠지만, 덴마크의 영국 통치는 그리 오래가지 않았습니다.

덴마크의 침략을 피해 영국해협을 건너 노르만공국으로 망명했던 웨식스의 왕 에드워드(Edward)가 1042년에 영국으로 돌아와 다시 왕위에 올랐습니다. 그런데 1066년에 에드워드가 사망하면서 영국은 다시 격랑에 휩싸입니다. 에드워드의 뒤를 이어 해럴드(Harold)가 영국의 왕으로 선출되자, 노르만공국을 다스리던 윌리엄(William)은 에드워드가 자신에게 왕위를 물려주기로 약속했다고 주장하며 이를 구실로 삼아 영국을 침공합니다. 치열한 전쟁을 치른 후, 최후의 승자는 윌리엄과 노르만공국이었습니다. 해럴드는 헤이스팅스 전투에서 전사했고 영국은 다시 외세의 지배를 받게 되었습니다.

노르만(Norman)이란 말은 '북쪽에서 온 사람'을 뜻합니다. 10세기 초에 북쪽의 바이킹들이 프랑스 북부 해안지대에 침입했는데, 프랑스의 왕이 정착을 허가하는 대신 바이킹의 지도자를 신하로 삼아 공작의 벼슬을 내리

헤이스팅스 전투를 묘사한 태피스트리[자수]. 1066년 노르만인들은 영국을 정복했고, 영어는 새로운 운명을 맞게 되었다.

고 노르만 공국을 다스리게 했습니다. 지금도 그 지역을 프랑스어로 '노르망디'라고 부르지요. 제2차 세계대전에서 유명한 '노르망디 상륙작전'이 펼쳐졌던 바로 그곳입니다. 이후 약 150년 동안 바이킹들은 원주민인 갈리아인들과 섞여서 살았고 점차 프랑스에 동화되어 그리스도교를 믿고 프랑스어를 사용하게 되었습니다.

영국을 정복한 노르만인들은 영국인들의 토지와 재산을 모두 빼앗고 상류층으로 군림한 반면, 영국인들은 농사를 짓고 가축을 기르는 하층민으로 전락하고 말았습니다. 이후 약 100년 동안 상류층은 프랑스어를 사용하고 영국인들은 영어를 사용하는 상황이 계속되었습니다. 당연히 프랑스어가 정부의 공식 언어였기 때문에, 이 시기에 영어로 쓰인 공식 문서나 기록은 거의 찾아볼 수 없습니다. 영어가 또다시 위기를 맞은 것이지요.

그런데 13세기 초에 존(John) 왕이 영국의 통치에 간섭하는 프랑스 왕에게 대들며 전쟁을 벌였다가 패하고 맙니다. 전쟁에서 승리한 프랑스 왕 필립 2세는 영국의 왕족과 귀족이 소유한 노르망디의 토지와 재산을 모두 몰수해 버렸습니다. 프랑스의 땅을 모두 잃어 돌아갈 곳이 없자 잉글랜드의 노르만인들은 점차 영국 문화에 동화되어 영어를 사용하게 되었습니다.

영어는 꿋꿋하게 살아남았지만, 프랑스어가 영어에 미친 영향은 막대했습니다. 노르만의 영국 정복 이전에 영어 단어 수는 약 25,000개였는데, 중세 영어 시대라고 부르는 1066년부터 1500년까지 영어로 유입된 프랑스어의 어휘 수는 1만 개가 넘습니다. 여러분이 아는 단어들 중 몇 개만 예로 들면, chair(의자), towel(수건), curtain(커튼), cushion(쿠션) 같은 일상용품들, sugar(설탕), fruit(과일), beef(소고기), sausage(소시지), biscuit(비스킷), dinner(저녁식사) 같은 음식이나 식사 관련 단어들, study(공부), story(이야기), grammar(문법), music(음악), dance(춤), color(색) 같은 학문과 예술 관련 단어들, crime(범죄), prison(감옥), punishment(형벌), judge(판사) 같은 법률용어들이 모두 프랑스어에서 유입된 것입니다. 또한 John(존), 윌리엄(William), Robert(로버트), Richard(리처드) 같은 사람 이름도 프랑스어에서 온 것입니다.

프랑스어가 흡수되면서 영어의 어휘 수는 폭발적으로 증가했으며, 투박하고 남성적이던 고대영어에 부드럽고 여성스러운 프랑스어가 섞이면서 영어는 다채로운 성격을 띠게 되었습니다. 또한 말의 순서인 어순이 점차 중요해졌으며 to, from, by 같은 전치사들과 can, will, may 같은 조동사들이 등장하면서 지금 우리가 접하는 문장들의 형태와 가까워졌습니다.

강한 언어, 해가 지지 않는 제국

이제 대니얼 디포의 "Your Roman-Saxon-Danish-Norman English"란 수수께끼의 답을 모두 찾았습니다. 로마제국의 언어, 게르만족의 언어, 덴마크 바이킹의 언어, 노르만인의 프랑스어를 모두 품고 영어는 화려하게 변신했습니다. 험난한 과정을 겪으며 살아남아 발전함으로써 영어는 놀라운 생존력과 흡수력을 증명했습니다. 표현력은 유연하면서도 강해졌습니다. 이런 영어의 능력이 천재성과 만나 셰익스피어(William Shakespeare, 1564~1616년)란 위대한 작가가 세상에 등장합니다.

셰익스피어는 인간과 삶, 세상을 꿰뚫어보는 지혜, 풍부한 상상력과 창의성, 탁월한 표현력을 바탕으로 많은 희곡과 시를 남긴 위대한 작가입니다. 19세기 영국의 역사학자 토머스 칼라일(Thomas Carlyle)은 "셰익스피어는 인도와도 바꿀 수 없다."고 극찬했습니다. 지금도 셰익스피어는 영국인들의 문화적 자부심을 대표하고 있지요. 그의 작품들 중에서 그의 천재성과 더불어 400년 전 영어의 모습을 엿볼 수 있는 유명한 문장 세 개만 소개해 보겠습니다.

엘리자베스 여왕 앞에서 연극을 공연하는 셰익스피어 극단의 모습을 그린 19세기 미국 판화. 천재 작가 셰익스피어는 엘리자베스 여왕의 적극적인 후원을 받으며 위대한 작품들을 창조해 영어의 위상을 드높였다.

To be, or not to be, that is the question.(사느냐, 죽느냐, 그것이 문제로다.)

— 〈햄릿(Hamlet)〉 중에서

A fool thinks himself to be wise, but a wise man knows himself to be a fool.(바보는 자신이 현명하다고 생각하지만, 현명한 사람은 자신이

바보임을 안다.)

— 〈뜻대로 하세요(As You Like It)〉 중에서

Love is a smoke made with the fume of sighs.(사랑은 한숨의 발산으로 만들어진 연기이다.)

— 〈로미오와 줄리엣(Romeo and Juliet)〉 중에서

어휘가 풍부하고 표현법이 다양해지면 그 언어를 사용하는 사람들의 생각이 깊어지고 넓어집니다. 그리고 생각이 깊어지고 넓어지면 그 생각을 반영하기 위해 언어의 어휘와 표현법이 더욱 풍성해지지요. 결국 그 언어를 사용하는 사회는 발전할 수밖에 없습니다. 언어 발전과 사회 발전의 상관관계를 직접 증명하기는 쉽지 않지만, 우리는 셰익스피어가 활동하던 시절의 영국 역사를 통해 그 관계의 단면을 엿볼 수 있습니다.

당시 영국은 엘리자베스 1세 여왕(Queen Elizabeth I, 1533~1603년)이 통치하고 있었습니다. 유럽에서 대항해 시대의 막이 올라 각국이 경쟁적으로 식민지 개척에 뛰어들고 가톨릭을 믿는 국가들과 개신교(기독교)를 믿는 국가들이 서로 첨예하게 대립하던 시기였습니다. 이미 남아메리카를 전부 차지해 부를 축적하던 스페인이 유럽의 최강국이자 가톨릭의 수호자로 군림하고 있었는데, 스페인에게 영국은 눈엣가시 같은 존재였습니다. 영국은 신교인 정교회를 국교로 삼고 가톨릭 신도들을 탄압했으며, 스페인이 지배하던 네덜란드에 군대와 물자를 보내 신교도들인 독립군을 지원하고 있었습니다. 뿐만 아니라 남아메리카에서 값비싼 물건들을 싣고 본국으로 오는 스페인의 수송선들을 영국의 해적들이 공격해서 탈취하는 일이 종종

영국 여왕 엘리자베스 1세의 초상화. 위쪽 창문으로 아르마다 해전에서 영국함대가 스페인의 무적함대를 격파하는 모습이 그려져 있고, 세계 정복을 암시하듯이 여왕의 오른손이 지구본 위에 놓여 있다.

벌어졌는데, 해적들의 배후에는 엘리자베스 여왕이 있었습니다.

1588년, 스페인의 국왕 펠리페 2세(Felipe II)는 역사상 최대 규모의 함대를 꾸려 영국 정벌을 단행했습니다. 영국은 절체절명의 위기를 맞았습니다. 당시 스페인 함대는 '무적함대'란 의미로 '아르마다(Armada)'라고 불렸고 육군의 전투력도 스페인이 영국보다 월등했기 때문에, 대부분의 유럽 사람들은 영국의 패배를 예상했습니다. 그러나 결과는 정반대였습니다. 스페인 함대는 영국 해안에 닻을 내려 보지도 못한 채 만신창이가 되어 뿔뿔이 흩어져 본국으로 돌아가야만 했습니다. 영국 함대는 스페인 함대에 비해 선박과 병력의 수는 적었지만, 우수한 성능의 함선과 대포를 보유했기 때문에 승리할 수 있었습니다.

아르마다 전투의 승리로 인해 영국은 유럽에서 가장 튼튼하고 빠른 배와 가장 빠르게 멀리 정확하게 쏠 수 있는 대포를 갖고 있다는 사실을 깨달았습니다. 이 경험을 바탕으로 영국은 더욱 성능 좋은 선박과 대포를 개발하기 위해 노력했고, 그 결과물과 자신감을 식민지 개척에 적극 활용했습니다. 중앙아메리카, 북아메리카, 아프리카의 동부와 남부, 오스트레일리아, 인도, 중앙아시아의 여러 지역을 식민지로 차지해 대영제국을 건설했습니다. 영국은 식민지의 수탈로 축적한 부를 바탕으로 세계 최초로 '산업혁명'을 이루며 더욱 강성해졌고, 20세기 초까지 지구 육지 면적의 약 4분의 1을 차지해 '해가 지지 않는 나라'라고 불렸습니다.

대영제국의 식민지를 통치하는 정부의 공식 언어는 당연히 영어였습니다. 행정, 사법, 무역, 교육 등의 모든 업무가 영어로 이루어졌기 때문에 점차 식민지의 고유 언어는 위축되고 영어가 널리 퍼지게 되었지요. 지배를 당하던 토착민들이 모두 영어를 사용한 것은 아니지만, 영어가 생활에서 중요한 역할을 했기 때문에 많은 사람들이 배울 수밖에 없었습니다. 단일 언어를 사용하지 않던 지역일수록, 그리고 식민 기간이 오래될수록 영어의 영향력은 더 크게 작용했습니다. 영국 이주자들에게 밀려난 북아메리카 인디언들의 부족 언어들이 소멸되고 있는 상황, 그리고 18세기 후반부터 영국의 지배를 받다가 1947년에 독립한 인도가 780여 개의 고유 언어가 존재함에도 불구하고 현재 영어를 공식 언어 중 하나로 사용하고 있는 현실이 이를 입증하지요.

영어의 영향력을 키운 젊고 강한 나라

사실상 식민지 쟁탈전이었던 제1차 세계대전과 제2차 세계대전은 세력의 판도를 뒤흔들어 놓았습니다. 영국은 두 전쟁에서 주도적인 역할을 하며 승전국으로 이름을 올렸지만, 큰 대가를 치러야만 했습니다. 인명 피해는 말할 것도 없고, 많은 자원과 자본이 소모되어 힘이 약해졌습니다. 무엇보다 뼈아픈 점은 식민지의 상실이었습니다. 영국의 식민지들은 전쟁으로 인해 지배력이 느슨해진 틈을 타서 연쇄적으로 독립을 쟁취했습니다. 전쟁에 휩쓸린 다른 유럽 국가들도 같은 처지에 놓였습니다. 식민지를 거의 다 상실했고 국토는 대부분 폐허가 되었습니다.

이런 상황에서 미국이 새로운 강자로 부상하게 됩니다. 미국은 두 차례의 세계대전에 모두 참전하긴 했지만, 본토는 전혀 피해를 입지 않았습니다. 오히려 군수물자를 대량 생산하며 산업이 활성화되어 부유해졌고, 새로운 기술의 개발이 활발하게 이루어졌습니다. 유럽의 국가들이 중상을 입은 가난한 환자라면, 미국은 건강하고 젊은 부호였던 셈입니다. 미국은 전후 유럽의 재건을 지원하면서 영향력을 키웠습니다.

또한 소련과 대립하던 냉전시대에 미국은 공산주의의 확산을 막기 위해 세계 전역에서 정치, 경제, 군사 문제들에 적극 개입하며 최강국의 면모를 과시했습니다. 자본주의 진영의 거의 모든 나라들이 다방면에서 미국에

1945년 8월, 일본의 항복 소식을 듣고 거리로 나와 환호하는 미국 시민들. 전후 미국은 세계 최강국이자 영어의 새로운 전파자로 부상했다.

의존하게 되었고, 점차 힘, 부자, 젊음, 자유, 기회 같은 이미지들이 미국을 상징하게 되었습니다. 그 이미지들은 다른 나라 사람들에게 선망의 대상이었습니다. 그것을 얻기 위해, 그것에 가까워지기 위해 가장 먼저 취해야 할 것은 미국의 언어인 영어였습니다. 영어를 잘하고 싶다는 갈망, 영어를 잘해야 한다는 강박은 점점 더 많은 사람들의 마음에 자리잡았고, 그만큼 영어의 영향력은 점점 더 커졌습니다.

이제 영국이 식민지 확장으로 영어를 세계 곳곳에 퍼뜨린 지 300여 년, 그리고 영국의 바통을 이어받아 미국이 세계 최강의 국가로 부상한 지 약 80년이 흘렀습니다. 그럼 지금 얼마나 많은 사람들이 영어를 사용하고 있고, 영어가 우리 삶 속에 얼마나 깊이 뿌리 내리고 있을까요?

Why should I learn English?

04

영어로 통하는 세상

{ 영어권 국가와 영어의 위상

영어로 세상의 문을 열다! }

영어권 국가와 영어의 위상

영어를 주요 언어로 사용하는 나라를 흔히 '영어권 국가'라고 부릅니다. 영국, 아일랜드, 미국, 캐나다, 오스트레일리아, 뉴질랜드 등 6개국은 영어의 종주국이거나 영국 출신의 조상들이 이주해서 대다수의 사람들이 대대로 영어를 모국어로 사용하는 나라들이지요. 이들 국가들의 인구는 약 4억 5천만 명입니다. 스페인어나 프랑스어 같은 다른 언어를 모어(母語)로 사용하는 이민자들이 일부 섞여 있는 경우도 있지만, 사회생활을 하면서 영어를 상시적으로 사용해야 한다는 점은 같지요.

영어권 국가들 중 영어가 국민 대다수의 모어는 아니지만 법적 공용어로 인정되는 나라들도 53개국이나 됩니다. 이 53개국과 위에서 언급한 6개국을 합하면 59개국인데, 이 국가들 중 영국을 포함해 52개국이 '영국연방(Commonwealth of Nations)'이란 국제기구의 회원국들입니다. 영국연방은 줄여서 '영연방(英聯邦)'이라고도 하는데, 과거 영국의 식민지였던 국가들이 영국을 중심으로 서로의 번영을 위해 협력하는 국제단체입니다. 캐나다와 오스트레일리아, 뉴질랜드도 이 단체의 회원국이며, 인도, 파키스탄, 싱가포르, 말레이시아 같은 아시아 국가들, 자메이카, 트리니다드 토바고, 바하마 같은 중미 국가들, 남아프리카공화국, 가나, 케냐, 나이지리아, 나미비아 같은 아프리카의 국가들도 이 단체에 속해 있습니다. 이 국가들의 인구수는 약 20억 명이나 됩니다.

요약하면, 국제적으로 독립국가로서 인정을 받은 195개국 중에서 영

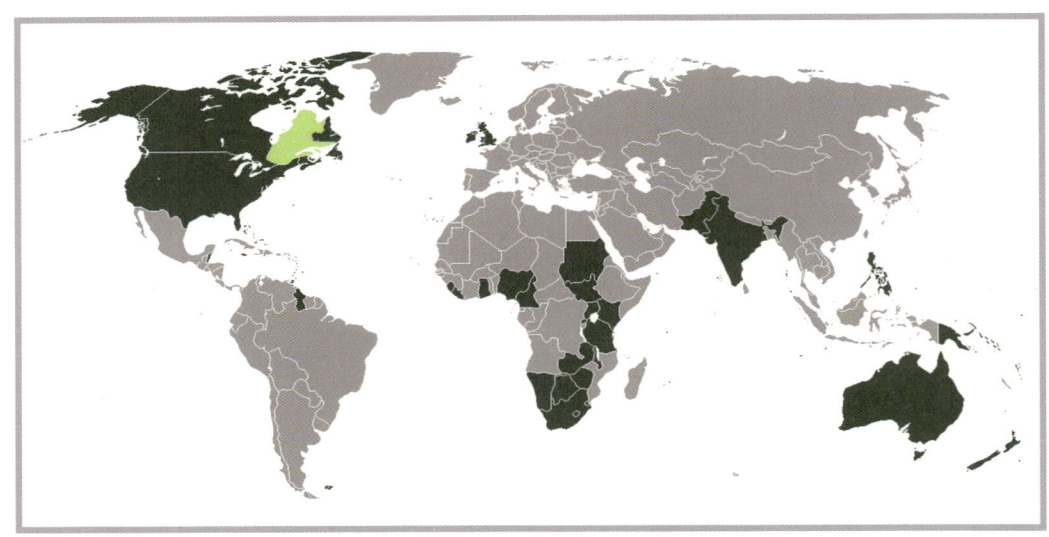

영어를 공용어로 사용하는 지역을 표시한 지도. 〈출처: 위키피디아〉

어권 국가로 분류되는 나라들은 59개국이며, 이들 국가들의 전체 인구수는 약 25억 명으로, 세계 인구 76억 명 중 약 30%를 차지합니다. 이 사람들은 매일 어떤 식으로든 영어로 의사소통을 하거나 영어를 접하면서 산다고 할 수 있는데, 사실 전 세계적으로 영어를 듣고 말하는 능력을 갖고 있는 사람들이 정확히 몇 명이나 되는지는 알 수 없습니다. 대략적인 통계들만이 존재하는데, 최소한 18~20억 명이 영어 소통 능력을 갖고 있는 것으로 추정됩니다.

그래서 영어는 국제연합(UN), 유럽연합(EU), 국제올림픽위원회(IOC), 국제축구연맹(FIFA), 북대서양조약기구(NATO)를 비롯한 많은 국제기구들에서 공식 외교 언어로 사용되고 있습니다. 또한 노르웨이, 스웨덴, 핀란드, 덴마크, 독일, 네덜란드 등 북유럽 국가들에서 제2 언어로 활발하게 사용되고 있기도 합니다.

엘리자베스 1세 여왕이 영국을 다스리던 16세기에 지구의 변방 작은 섬에서 약 600만 명이 사용하던 언어가 전 세계에 널리 퍼져서 20억 명에 가까운 사람들이 사용하는 링구아 프랑카로 거듭난 것입니다. 비록 영어를 모어로 사용하는 사람들의 수는 중국어나 스페인어를 모어로 사용하는 사람들의 수보다 적지만, 영어가 세계 공용어의 위치를 차지하고 있음은 부인할 수 없지요.

영어로 세상의 문을 열다!

　한반도의 남쪽에서 벗어나 활동의 공간과 시간을 확장하는 순간 우리는 영어의 위상을 실감하게 됩니다. 비행기를 타고서 해외여행을 떠나 봅시다. 일단 우리의 공항에서부터 영어의 파도에 마주치게 됩니다. 인천공항이나 김포공항뿐만 아니라 세계 모든 공항에서는 영어가 가장 중요한 언

왼쪽은 국내공항, 오른쪽은 해외 공항. 공항에 도착하자마자 영어의 홍수에 휩쓸리게 된다.

어입니다.

스피커에서 탑승 안내 방송이 한국어와 영어로 흘러나옵니다. 물론 대부분의 외국 공항에서는 한국어를 들을 수 없습니다. 대개 자국어와 영어로만 안내방송을 하지요.

"KE300 비행기의 탑승이 지금 5번 게이트에서 진행 중입니다. 모든 승객께서는 5번 게이트로 가 주시기 바랍니다. Flight KE300 is now boarding at gate 5. Please all passengers proceed to gate 5."

우리나라 승객들이 손에 쥐고 있어야 할 여권(passport)에는 외교부 장관의 직인이 찍힌 페이지가 있는데, 거기에 이런 문구가 적혀 있습니다.

"대한민국 국민인 이 여권소지인이 아무 지장 없이 통행할 수 있도록 하여 주시고 필요한 모든 편의 및 보호를 베풀어 주실 것을 관계자 여러분께 요청합니다.

The Minister of Foreign Affairs of the Republic of Korea hereby requests all those whom it may concern to permit the bearer, a national of the Republic of Korea, to pass freely without delay or hindrance and, in case of need, to afford him(her) every possible assistance and protection."

비행기에 탑승하면 기장의 출발 안내방송이 나오고, 비행기가 심하게 흔들리거나 도착이 지연되면 안내방송이 또 나오고, 착륙할 때도 안내방송

타이완의 입국신고서(Arrival Card) 양식. 모든 국제선 항공기의 입국신고서에는 영어가 병기되어 있다.

이 나오지요. 여객기 안내방송에서 영어는 필수입니다. 국제적인 약속이기 때문이지요. 그래서 기장을 비롯한 승무원들은 업무에 필요한 영어를 유창하게 구사할 수 있습니다.

목적지에 도착하기 전에 승무원들이 미리 입국신고서(Arrival Card) 양식을 나누어주는데, 승객들은 각자 그 양식의 빈칸을 채워야 합니다. 이름, 성별, 생년월일, 방문 목적, 체류 기간, 연락처 등의 정보를 기입하는데, 어느 나라를 방문하든 이 양식에도 반드시 영어가 병기되어 있습니다.

비행기에서 내리면 공항의 입국심사대(Immigration)를 통과하게 되는데, 대개는 담당직원이 여권의 사진과 실제 얼굴을 확인하고 여권에 도장

4장 _ 영어로 통하는 세상 ··· 075

을 찍어 주고서 통과시키지만, 가끔 구체적인 목적지, 방문 목적과 체류 기간을 묻는 경우가 있습니다. 테러의 위험이 있는 경우, 특히 미국 공항의 경우에는 까다로울 수도 있습니다.

A: What is your final destination?(최종 목적지가 어딘가요?)
B: I will stay in San Francisco.(샌프란시스코에 머물 겁니다.)
A: What's the purpose of your trip?(여행의 목적이 뭔가요?)
B: I'm here for a vacation.(휴가차 왔습니다.)
A: How long will you stay?(얼마 동안 머물 건가요?)
B: I will stay here for a week.(일주일 동안 머물 거예요.)

최소한 이 정도의 대화는 듣고 답할 수 있게 영어를 준비하는 게 좋습니다. 물론 단답형으로 San Francisco / For a vacation / For a week처럼 말해도 괜찮습니다.

공항을 빠져나오면 대개 호텔로 향하게 되는데, 택시를 이용하면 "Hilton Hotel, please!"처럼 최소한 목적지를 영어로 말할 수 있어야 합니다. 전철이나 버스를 탄다면 자동발매기를 이용해 티켓을 구매할 수 있어야 하고, 요금이 얼만지 묻고 답을 알아들을 수 있어야 합니다. 또

영국의 한 기차역 모습. 영어권 국가에서 각종 안내문과 전광판에 적힌 영어를 이해하지 못하면 당연히 불편할 수밖에 없다.

한 각종 안내 표지판도 읽을 수 있어야 하는데, 대도시에는 대부분 표지판에 영어가 병기되어 있습니다. 이제 사실상 한국어는 쓸 일이 거의 없지요.

영어를 구사할 줄 알면 참 편리하게 이용할 수 있는 곳이 호텔입니다. 호텔 투숙객 중에 외국인들이 많기 때문에 호텔 직원들은 대부분 영어를 듣고 말할 줄 압니다. 영어가 참 안 통하는 걸로 유명한 일본에서조차도 호텔 프런트에서 근무하는 직원들만큼은 영어로 소통할 수 있습니다. 사실 영어를 못하면 그 자리에 있을 존재 이유가 없지요. 손님들을 제대로 응대하지 못하는 호텔에 누가 비싼 돈을 들여서 투숙하겠습니까?

독일 뮌헨 켐핀스키 호텔의 프런트데스크. 호텔에 숙박하며 시설을 이용하기 위해서 꼭 거쳐야 하는 곳이 프런트 데스크이다. 대부분 영어가 통용된다.

영어 듣기 수업에서 배운 기초 회화를 제대로 실습할 수 있는 곳이 호텔 프런트입니다. Excuse me. I have made a reservation for a double room.(실례합니다. 더블 룸 하나를 예약했는데요.)나 I need a room for my family. We have four people.(가족이 묵을 방이 하나 필요합니다. 가족은 네 명입니다.) 같은 표현이 참 유용하지요. 풀장이나 사우나, 식당 같은 호텔의 부대시설을 이용할 때도 영어가 필요합니다. 영어를 읽고 말하고 들을 수 있어야 손해 보지 않습니다.

세계 어디를 가든 관광지 근처의 도로 표지판, 관광지의 안내판에는 현지어와 영어가 병기되어 있습니다. 영어를 잘하면 현지의 관광 안내 책자를 읽을 때도 도움이 됩니다. 길을 제대로 찾을 수도 있고 큰 어려움 없이 관광을 즐길 수 있지요. 상점에서 기념품을 사거나 식당에서 식사를 주문할 때도 영어 실력을 발휘할 수 있습니다. How much is it?(얼마예요?) I will take Today's Special.(오늘의 스페셜 요리를 먹을게요.) Let me have a cheese burger, fries and coke.(치즈버거 하나랑 프렌치프라이와 콜라 주세요.) 같은 기초적인 영어가 그곳에서도 통하는 놀라운 경험을 할 수 있지요. 외국인을 상대로 장사를 하는 상인들은 기본적인 회화가 가능할 정도로 영어를 듣고 말할 수 있습니다. 영어를 사용하는 것이 당연하다고 여깁니다. 학교에서 배운 영어를 활용하면 외국인들을 상대로 더 많은 돈을 벌 수 있는데 마다할 이유가 없지요.

미국 켄터키 주 모건필드 시에 있는 역사 안내판으로, 링컨 대통령이 젊은 시절에 연설한 장소임을 알려 준다. 미국에는 역사가 잘 정리되고 기록되어 있어서 어디를 가든지 이와 같은 역사 안내판을 많이 볼 수 있다.

영어를 읽고 이해하면 누가 설명하지 않아도 이곳이 어떤 곳인지 대번에 알 수 있다. 켄터키 주 엘리자베스타운에 위치한 국립공원 링컨 대통령 출생지 입구에 있는 안내판이다. 〈사진: A. E. Crane〉

허가 받지 않은 자는 들어오지 말라고 경고하는 안내문이다. Stop, Warning, Caution 같은 문구를 보고도 지시에 따르지 않으면 큰 위험에 처할 수 있다. 영어가 안전을 좌우하기도 한다.

중국 하이난 중산로에 설치되어 있는 역사 안내판. 우리나라를 비롯해 아시아 국가들의 유적지에서도 영어 안내판을 쉽게 찾아볼 수 있다.

　길을 잃었거나, 다쳤거나, 화장실이 급할 때 입을 다물고 있으면 아무런 도움을 받을 수 없습니다. I am lost.(길을 잃었어요.) Where is the nearest hospital?(가장 가까운 병원이 어디에 있나요?) Where can I find a restroom?(화장실 어디에 있나요?) 같은 영어를 말해야 위기에서 벗어날 수 있습니다.

　자, 이쯤에서 여러분 중 몇몇은 꾹 참고 있던 말을 하고 싶을 겁니다. "패키지여행으로 가이드를 따라다니면 되지! 뭐 하러 영어를 하나요?" package나 guide란 영어 단어를 이해하고 말하는 것은 칭찬할 만한데, 그런 생각에는 좀 문제가 있어 보입니다.

　우선 자기가 할 수 있는 일을 타인에게 맡기는 태도부터 재고해야 합니다. 그런 태도가 습관이 되면 의존적이고 수동적인 삶을 살 수밖에 없습니다. 가이드를 따라다니면 여행사가 제시하는 공간과 시간 속에 갇혀서 여행을 하게 됩니다. 가이드가 이끄는 대로 한정된 유명 관광지 몇 군데에서 잠깐 눈요기하고, 북적이는 식당에서 정해진 시간에 맞춰 배를 채우고, 쇼핑몰에서 억지로 시간을 보내다 보면 하루가 다 가지요. 이런 여행은 반쪽짜리 여행입니다. 여행은 현지의 사람들 속으로 들어가서 그들의 삶과 문화를 경험하는 것입니다. 영어를 활용해 능동적으로 소통하고 경험해야 온전히 여행을 즐길 수 있습니다.

　"해외여행을 가서 뭐 하러 영어를 하나요?"라고 질문하는 것은 영어를 공부하지 않겠다고 선언하는 것과 같습니다. 그 자체가 어리석은 질문이며 모순입니다. 여러분은 최소한 초중고 12년 동안 싫든 좋든 시간과 노력을 투자해서 영어를 공부합니다. 영어를 활용해 세계인들과 소통하지 않을 거라면 왜 그런 투자를 하나요? 입을 다물고 영어를 말하지 않겠다고 작정하는 순간, 소통을 통해 얻을 수 있는 많은 것들을 놓치고 맙니다. 지금까지 배운 영어를 실전에서 활용해 볼 소중한 기회를 놓치고, 자기의 실력을 확인해 볼 기회도 놓치고, 결국 학습의 자극과 열정과 자신감도 전혀 얻지 못하게 됩니다. 영어로 말할까 말까 하는 선택이 큰 차이를 만듭니다. 영어를 잘하는 사람들의 공통적인 특징은 소통의 기회를 절대 놓치지 않는다는 것입니다.

　세상의 문은 열쇠 하나만 있으면 누구나 활짝 열 수 있습니다. 그 만능 열쇠가 바로 영어입니다. 화려한 장식이 달린 열쇠든, 투박한 열쇠든, 누구내 손에 쥔 그 열쇠로 문을 여는 순간 넓은 세상에서 자신의 공간과 시간을 확장하는 기회를 얻을 수 있습니다. 전 세계 수많은 사람들과 영어로 소통할 수 있는 순간은, 영어를 잘하게 되는 먼 미래가 아니라 여러분이 마음을 열고 그동안 쌓아 온 영어 실력을 발휘하고자 하는 바로 지금입니다.

Why should I Learn English?

05

이 땅에서 영어를 사용한다는 것

{ 영어 범벅, 어디에나 있는 영어
네 말을 들으면 왜 기분이 찜찜할까?
나는 누구인가? 나는 무엇을 위해 영어를 말하는가?
I can't speak English! vs. Do you need any help? }

영어 범벅, 어디에나 있는 영어

자, 이제 우리를 돌아봅시다. 대한민국 국민 중에 영어를 한 번이라도 배우지 않은 사람은 거의 없습니다. 할아버지 세대부터 영어가 학교의 정규과목 중 하나였고, 지금은 초등학교, 중학교, 고등학교에서 영어가 필수과목입니다. 학교에서 일주일에 네다섯 시간 영어 수업을 받을 뿐만 아니라, 비싼 비용을 지불하며 학원에서 영어를 공부하기도 하고 인터넷 강의를 듣기도 합니다. 영어권 국가로 어학연수나 유학을 다녀온 경험을 갖고 있는 사람들도 수백만 명에 달합니다. 그런데 대한민국에서 영어가 제1 외국어일지는 모르지만, 제2 언어는 아닙니다. 사실 대한민국에 제2 언어는 없지요. 영어는 물론 특정 외국어를 의사소통이 가능할 만큼 듣고 말할 수 있는 사람이 드물기 때문입니다.

그런데 참 이상한 점은, 그럼에도 우리 사회가 '영어 범벅'이 되어 있다고 할 정도로 영어가 생활 속에 깊이 침투해 있고 누구나 영어에 익숙해져 있다는 사실입니다. 여기서 '익숙하다'는 말은 자유롭게 사용해서 소통한다는 의미가 아니라, 이상하게 느끼지 않을 만큼 우리 감각과 인식에 스며들어 있다는 의미입니다. 우리의 언어생활이 얼마나 영어로 범벅이 되어 있는지 잠깐 예를 들어 보겠습니다. 다음은 필자가 며칠 동안 별 수고로움 없이 주변에서 아주 쉽게 수집한 '영어'입니다.

전철이나 버스를 이용해 통근을 하다 보면 참 많은 영어와 마주칩니다. 지하철 역사에 있는 티켓 발매기와 보증금 환급기에는 이렇게 영어가 병기되어 있습니다.

어떤 지하철 역사에서는 이런 친절한 서비스도 제공합니다. 휴대폰을 무료로 충전할 수 있는 코너입니다.

개찰구를 통과하려면 카드를 태그(tag)해야 하는데, 카드를 갖다 대는 파란색 패드(pad)에 이런 문구가 적혀 있습니다.

전철역 승강장에서 열차를 기다리는데 영어 문구가 또 눈에 들어옵니다. 플랫폼 끝 승객이 서 있는 위치에 붙어 있습니다.

열차 객실 안에도 여러 개의 안내문구가 한국어와 영어로 병기되어 있습니다.

비상호출버튼 / Emergency Call Button
전동차 내 비상시 행동요령 / Emergency Instructions
서울지하철 임산부 배려석 / Seoul Metro Seat for Pregnant Woman

스크린도어 안쪽에도 비상시 이용하라는 문구가 영어와 함께 적혀 있습니다.

누가 이름을 지어 주었는지, 지하철역마다 나름의 영어 이름을 갖고 있네요. 시청은 City Hall, 종합운동장은 Sports Complex, 신도림은 Shindorim. 요즘엔 버스 정류장에도 영어 이름이 붙어 있습니다. 약수터를 mineral Spring으로 번역한 흥미로운 버스 정류장을 본 적이 있습니다.

전철에서 내려 역사를 나오는데, 출입구 벽면에 이런 경고 문구가 붙어 있습니다. 금연구역임을 경고하는 안내판입니다.

거리의 상점 간판과 안내판에도 영어가 넘쳐납니다. 음식점의 대표메뉴인 "매콤한 불족발"을 Spicy Pork Hocks로 표기해 창에 붙여 놓은 가게도 있고, 영업시간을 "오전, 오후, 월요일, 일요일"로 표기하지 않고 영어로 표기한 가게도 있습니다.

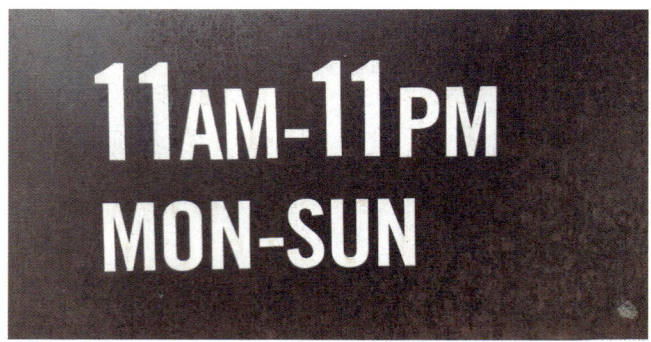

　계절이 바뀌어 할인행사를 진행한다고 안내하는 걸로 추정되는 순 영어 문구 "SEASON OFF UP TO 70%"를 큼지막하게 정문에 붙여 놓은 옷가게도 지납니다.
　'약'이란 한글과 '약국, 약품'을 뜻하는 영어 단어 pharmacy를 단출하게 표기한 약국의 작은 입식 간판을 지나칩니다.

음식점이 많은 한 건물 모퉁이에 소화기가 비치되어 있는데 보관함 좌우에 한글과 영어가 병기되어 있습니다.

한 치킨 음식점 앞에는 무료 시식대가 놓여 있는데, 먹어 볼 것을 권하는 "Try it!"이란 문구가 붙어 있습니다.

새로 지은 호텔 앞을 지나가다가 멋진 문구를 하나 발견했습니다. 누구든지 편하게 이용하라고 알리는 안내판인데, 경영자의 열린 마음을 읽을 수 있습니다.

시청이나 구청, 동 주민 센터 같은 공공기관의 정문에도 영문 이름이 큼지막하게 표기되어 있고, 당연히, 외국인들을 위한 관광 안내소에도 영

어 이름이 붙어 있습니다.

　이제 거대한 복합 상가 건물로 향합니다. 건물 앞, 물이 나오지 않는 분수대 가장자리에 낙상을 경고하는 문구가 붙어 있습니다.

    1층에 들어서자 영어가 무더기로 나타납니다. 각 층의 용도를 안내하는 표지판에는 이런 식의 문구가 즐비합니다.

B1 – 푸드코트&편의점 / Food Court&Convenience Store
1 – 영캐주얼&화장품 / Young Casual&Cosmetics
2 – 남성정장&아웃도어 / Man's Suit&Outdoor

    할인행사를 하는 코너일 텐데, 할인〔sale/bargain〕은 사라지고 행사만 남은 Event Hall 안내판을 지나 식당으로 들어갑니다.

    식당에 들어가 메뉴판을 들춰보면, 한식의 경우 대개 음식의 이름 밑에 영어로 설명이 붙어 있습니다. 몇 가지만 소개해 보겠습니다.

돼지양념구이 – Grilled Marinated Pork
한우갈비살 – Assorted Grilled Beef
돌솥비빔밥 – Bibimbap with cooked beef and vegetables in hot stone bowl
낙지비빔밥 – Bibimbap with a spicy octopus and vegetables

이렇게 음식 메뉴판에 영어 설명문이 첨부되면 외국인 손님도 편하고 서빙하는 직원도 편하겠지요. 말 대신 글자로 소통이 가능하니까요. 한 식당의 식탁 위에는 "Be careful! Hot Bowl! 그릇이 뜨거우니 조심하세요!"란 문구도 붙어 있습니다. 주인의 친절한 마음과 조심성이 느껴지네요.

식사를 마치고 커피를 한 잔 마십니다. 커피 체인점의 이름도 영어로 표기되어 있고, 판매하는 음료마다 아메리카노(Americano), 에스프레소

(Espresso)처럼 영어 이름이 적혀 있습니다. 주문을 하고서 직원에게 건네받은 진동 벨에서도 영어의 진동이 느껴집니다.

카페의 화장실을 이용하려는데, 화장실 출입문 옆에 작은 문이 하나 있습니다. '직원들만 출입할 수 있는' 곳이란 의미로 "Staff Only"라고 써 붙였습니다. 영어를 읽고 이해하지 못하면 벌컥 문을 열 수도 있겠네요.

화장실 양변기 칸의 문 위에는 잘못된 관습을 바꾸기 위한 안내문이 한가운데에 붙어 있습니다. 용변을 처리한 휴지를 휴지통에 넣으면 냄새도 심하고 병균 감염 우려도 있으니, '정상적으로' 변기에 넣고 물을 내리라는 취지입니다.

장을 보러 슈퍼마켓에 들어가면 곧바로 영어의 홍수 속에 휩쓸립니다. 영어 이름이 붙은 상품들이 왜 이리도 많단 말인가! 무작위로, 눈에 띄는 대로, 생각나는 대로 스무 개를 추려 봅니다. 물론 저는 특정 회사나 상품을 홍보할 의도가 전혀 없습니다. 영어 상표가 얼마나 많은지 독자들에게 보여 주는 목적에 충실할 뿐입니다. 상품의 이미지는 저작권 문제 때문에 넣지 못한 점 양해 바랍니다.

* 초콜릿(chocolate)을 묻힌 파이(pie)로 탄생한 **초코파이(Choco-Pie)**
* '프랑스의 카페'에서 커피를 즐기면 이런 맛일 거라고 추정되는 **프렌치 카페(French Cafe)**
* 야구의 홈런 볼보다는 아주 작지만 개수는 많은 **홈런볼(Homerun Ball)**
* 버터와 코코넛에 콩글리시 발음을 입혀 더 구수한 느낌이 드는 **빠다 코코넛(Butter Coconut)**
* 방금 '수확'한 곡물로 만들었다고 자랑하는 듯한 **하비스트(Harvest)**
* 왠지 혼자 먹으면 안 될 것 같은, '함께' 떠먹는 아이스크림 **투게더(Together)**
* '나사' 모양으로 이상하게 꼬였지만 쇠 맛은 나지 않는 '막대'형 빙과 **스크류바(Screw Bar)**
* 냉장고에 넣지 않아도 마시면 이가 시릴 것 같은 '차가운' 주스 **콜드(Cold)**
* 성함이 '캡슐'인 '의사' 선생님이 개발하지는 않았어도 장에는 좋을 것 같은 요거트(yogurt) **닥터 캡슐(Doctor Capsule)**

* '옥수수'를 가공해 작고 얇은 '조각'으로 만들어 우유에 타서 먹는 **콘후레이크(Corn Flake)**
* '점심식사'에 '육류' 섭취를 권장하기 위해 만든 것으로 추정되는 통조림 햄 **런천미트(Luncheon Meat)**
* 골키퍼(goalkeeper)가 골문을 지키듯 모기로부터 '가정을 지켜 준다'는 **홈키퍼(Home Keeper)**
* 머리를 '샴푸'로 부드럽게 감듯이 '양털' 섬유를 깨끗하게 빨아 준다는 세제 **울샴푸(Wool Shampoo)**
* '드럼' 세탁기에 넣으면 방망이로 '두들겨서' 빤 듯 빨래가 깨끗해질 것 같은 세재 **비트 드럼(Beat Drum)**
* '물' 딱 한 글자만 외롭게 한국어로 남겨둔 채 친환경과 건강을 영어로 강조하는 **내추럴 그린 물티슈(Natural Green 물 Tissue)**
* '날마다' '부엌'에서 행주 대신 쓰라고 만든 '수건' **데일리 키친 타올(Daily Kitchen Towel)**
* 나도 공주처럼 입고 싶지만 인형에게 양보해야만 하는 '드레스 소장품' 여아용 장난감 **드레스 컬렉션(Dress Collection)**
* '전투'를 위해서는 '돌아야'만 하는 장난감 '자동차 세트' **배틀 스핀 카 세트(Battle Spin Car Set)**
* '옅은 색깔'의 종이를 '하나의 고리'로 연결된 '용수철'에 꿰어 만든 '공책' **슬림 칼라 원 링 스프링 노트(Slim Color One Ring Spring Note)**
* 흙은 들어 있지 않지만 주물러서 여러 가지 색으로 원하는 모양을 만들 수 있는 '작은 점토' **미니 클레이(Mini Clay)**

이상 수십 개의 사례들을 통해서 영어가 우리 주변에 얼마나 많이 널려 있는지 간단히 살펴보았는데, 이것들은 그저 빙산의 일각에 불과하다는 사실을 우리 모두 알고 있습니다. 그리고 이런 영어 범벅 현상을 토대로 몇 가지 사실을 추정해 볼 수 있습니다.

첫째, 대한민국이 세계화의 과정을 겪으면서 세계인들과 적극적으로 교류하는 단계를 밟고 있다고 추정할 수 있습니다. 세계 각국의 사람들이 우리나라를 방문해서 편하게 활동할 수 있도록 영어를 많이 사용하고 있는 것이죠. 외국인을 배려하는 열린 마음을 갖고 있다고 추정할 수 있습니다. 추정이 정말 사실이라면 바람직하다고 볼 수 있겠지요.

둘째, 영어로 표현하고자 하는 우리의 욕구가 무척 강하다고 추정할 수 있습니다. 자기 생각과 의사를 영어로 표현하고 싶어서 한국어 대신 영어를 많이 쓰고자 의도적으로 노력한다고 볼 수 있습니다. 자기 상점, 자사의 제품을 영어로 표현함으로써 더 큰 경제적 이익을 얻을 수 있다고 생각하는 듯합니다. 그런 욕구가 강하니, 영어가 제2의 언어가 되어 세계 어디에서든 한국인들이 영어를 자유롭게 구사할 날이 머지않았다고 기대할 만합니다.

네 말을 들으면 왜 기분이 찜찜할까?

이런 추론은 영어범벅 현상을 긍정적이고 낙천적인 시각에서 바라볼 때 가능할 텐데, 왠지 개운치가 않습니다. 찜찜한 이 기분의 정체는 뭘까요? 영어범벅 현상을 부정적인 시각으로 바라보면 상당히 심각하고 어두운 문제들이 머리를 뒤덮습니다. 영어를 쓰면 왠지 멋져 보여서 영어를 남발하고 있지는 않은가? 무의식 속에 자리하고 있는 미국에 대한 동경과 추종의 결과가 언어생활에 투영되는 건 아닐까? 이렇게 실생활에서 영어 단어들을 즐겨 쓰는데, 왜 외국인들과 영어로 의사소통을 하는 것이 힘들까? 이러다가 콩글리시만 잔뜩 생겨나서 남북한의 우리 민족끼리도 말이 통하지 않으면 어쩌나?

부정적인 시각에 무게를 실어 주는 '영어 범벅' 현상은 우리의 대화에서도 쉽게 찾아볼 수 있습니다. TV 방송에 연예인들이 여행을 하며 유명 관광지를 체험하고 시청자들에게 소개하는 프로그램들이 여럿 있는데, 방송을 시청하다 보면 이런 대화를 흔히 들을 수 있습니다.

A: 여기가 요즘 정말 뜨고 있는 핫플레이스(hot place)랍니다.
B: 와우(Wow)! 판타스틱(Fantastic)!
A: 정말 뷰(view)가 오썸(awesome)하죠?
B: 네. 진짜 놓치면 후회할 만큼 멋진 스팟(spot)이네요.

여행지가 꼭 외국의 명소라서 그런 것도 아니고, 출연한 연예인들이 영어권 국가에서 오래 살아서 그런 것도 아닙니다. 영어가 익숙해서 자연스럽게 입에서 튀어나온다면 어쩔 수 없겠지만, 분명 시청자에 대한 배려는 없어 보입니다. 심지어 방송국의 직원이고 우리말을 무척 사랑하는 듯 보이는 아나운서들까지 말을 이런 식으로 합니다.

'영어범벅' 화법은 비단 방송에서만 목격하는 현상은 아닙니다. 얼마 전에 제가 실제로 한 카페에서 겪었던 일을 소개해 보겠습니다. 여행사 직원으로 추정되는 한 젊은 여성이 제 옆자리에서 전화 통화를 하고 있었습니다. 정확한 기억은 아니라서 약간 가공을 하자면, 그 여성은 이런 식으로 말을 했습니다.

"네, 말씀하신 대로 어레인지(arrange) 해드릴게요. … 캔슬(cancel)하실 거면 일주일 전까지 연락을 주셔야 리펀드(refund) 가능합니다. … 네, 알겠습니다. 그럼 다음 주 월요일에 꼭 컨펌(confirm)해 주세요."

왜 그럴까요?

hot place → 인기 있는 관광지
Wow! → 야!
Fantastic! → 멋지네요!
view → 경치
awesome → 멋진, 대단한
spot → 장소
arrange → 준비, 배정
cancel → 취소
refund → 환불
confirm → 확정, 확인

이렇게 좋은 우리말로 충분히 표현할 수 있는데, 왜 굳이 영어 단어를 섞어서 쓰는 걸까요? 우리말에 영어를 섞어서 쓴다고 해서 영어로 소통이 가능한 것은 아닙니다. 예를 들어 미국인이 이런 식으로 한국어 단어를 몇 개 섞어서 쓴다면 어떨까요?

A: I had dinner with 김 부장 yesterday.
B: Oh! How was it?
A: Well, we had 불고기 and I liked it. But I tried some 김치찌개 and it killed me. It was so hot and spicy. 매워요!

한국어 단어가 몇 개 들어간다고 해도 영어를 모르면 대화 내용을 온전히 이해할 수가 없지요. 영어 단어를 우리말에 섞어서 쓰는 현상은 우리가 추구하는 영어 사용이나 소통과는 전혀 관련이 없습니다. 오히려 이런 현상은 상당히 우려스러운 먹구름을 예감하게 합니다. '혹시 한국어가 영어에게 먹히고 있는 것은 아닐까? 수십 년 후에 과연 우리는 어떤 모국어를 쓰고 있을까? 언어는 영혼을 담는 그릇이라고 하는데, 혹시 우리의 영혼이 이상하게 변하고 있는 것은 아닐까?'

나는 누구인가? 나는 무엇을 위해 영어를 말하는가?

일찍이 안중근 의사는 불어를 배우면 프랑스 사람이 되고, 일본어를 배우면 일본 사람이 되고, 영어를 배우면 영국 사람이 된다는 취지의 말을 했습니다. 또한 국어학자이자 독립운동가인 주시경 선생은 '한 나라가 잘 되고 못 되는 열쇠는 그 나라의 국어를 얼마나 사랑하느냐에 있다.'라고 말했습니다.

언어는 개인의 정체성과 직결됩니다. "나는 누구인가?"란 물음에 "나는 한국어를 모어로 사용하므로 한국 사람입니다."라고 답할 수 있으면 내 정체성이 분명해집니다. 한국어를 전혀 모르고 영어만 구사하는 미국 교포는 뿌리가 한국인이라고 하더라도 그냥 조상이 한국 이민자인 미국인일 뿐입니다. 가장 중요한 동질성인 언어가 우리와 다르기 때문입니다. 같은 언어를 사용하는 사람들끼리 어울리며 운명공동체로서 가장 근원적인 사회를 이루는 것이 지금까지 이어져 온 세상의 법칙입니다.

그런데 안중근 의사와 주시경 선생의 말 역시 정확히 해석할 필요가 있어 보입니다. 식민지 시절에 우리말을 잊고 외국어만 사용하면 결코 자주적인 민족으로 살 수 없다는 경계의 의미로 한 말이지, 외국어를 공부하지 말고 외국인들과 소통하지도 말라는 의미로 한 말은 아닐 것입니다. 언어가 영혼을 담는 그릇이니까, 외국어만 사용하면 민족의 혼을 상실할 수도 있다는 의미겠지요.

언어는 소통의 도구입니다. 그 도구를 어떤 목적을 위해 사용하느냐에 따라 결과는 확연히 달라지지요. 강대국에 대한 동경심에 젖어 추종을 위해 외국어를 사용한다면 '매국노'가 될 수도 있고, 국가와 민족의 발전, 인류의 번영을 위해 사용한다면 애국자나 위인이 될 수도 있는 것입니다. 마음먹기에 따라 다른 것이지요.

인도의 예를 보겠습니다. 18세기 중반부터 영국의 식민지로 전락한 인도는 1947년이 되어서야 독립을 쟁취했습니다. 당시 인도의 독립을 주도한 대표적인 인물로 마하트마 간디(1869~1948년)와 자와할랄 네루(1889~1964년)를 꼽을 수 있는데, 이 두 사람에게는 독립운동 말고도 공통

인도의 독립을 이끈 두 주역, 자와할랄 네루(왼쪽)와 마하트마 간디(오른쪽).

점이 있었습니다. 영어를 공부해서 영국에 유학을 갔고 변호사로 활동했다! 두 사람 모두 영어를 능숙하게 사용했고 법을 다룰 수 있을 정도로 지식과 논리에도 능했던 것입니다. 이 재능과 기회를 편협하고 이기적인 목적으로만 써서 영국의 식민 지배에 협조했다면 이 두 사람은 매국노가 되었겠지요. 그러나 이들은 생각과 의지가 달랐습니다. 영국의 식민 지배에 맞서 항의하고 투쟁하고 협상하는 데에 자신의 영어 구사 능력을 활용했던 것입니다. 비록 독립 투쟁의 방법에 대해 서로 다른 입장을 취하기도 했지만, 모진 박해에도 불구하고 두 사람은 인도의 독립을 위해 헌신했습니다.

간디와 네루가 없었더라도 인도는 뒤늦게라도 독립을 했을 거라 믿습니다. 그러나 영어를 구사하고 법을 잘 아는 두 사람이 인도의 독립을 주도했다는 것만은 부인할 수 없는 역사적 사실입니다. 독립을 쟁취한 후 국제사회의 인정을 받고 국가를 재건하는 과정에서도 영어는 중요한 도구로 쓰였습니다. 그리고 그 사실에서 우리는 교훈을 얻습니다.

시대는 다르지만, 외국어를 구사할 수 있는 능력은 항상 큰일을 도모할 수 있는 중요한 열쇠입니다. 간디와 네루가 모어인 힌디어만 쓰겠다고 작정했다면 어땠을까요? 항의와 투쟁과 협상도 언어를 통한 소통 없이는 가능하지 않습니다. 항상 폭력에 의한 변화보다는 소통을 통한 변화가 더 바람직하지요.

지금도 우리에게는 중요한 문제들이 산적해 있습니다. 한국전쟁이 남긴 상처로 인해 지금까지 유령처럼 머리 위를 떠돌고 있는 이념과 세대의 갈등을 극복해야 하고, 강대국들의 틈바구니에서 민족의 생존과 번영을 도모해야 하며, 남북한의 통일을 이루어야 합니다. 그 문제들을 하나씩 해결하기 위해서라도 우리에게는 영어가 필요합니다. 현재의 링구아 프랑카인 영어를 공부해서 세계인과 소통하겠다고 선택하는 순간, 여러분은 시대의 주역으로 한걸음 발을 내딛는 것입니다.

I can't speak English! vs. Do you need any help?

한 마디의 말이 모여서 열 마디가 되고, 열 마디의 말이 쌓여서 영어를 듣고 말하는 능력이 길러집니다. 일상에서 외국인과 영어로 대화할 기회는 점점 빈번해지고 있습니다. 국내에 체류하는 외국인의 수는 150만 명이 넘고, 매년 1,800만 명이 넘는 외국 관광객들이 한국을 찾아옵니다. 여러분이 사는 지역의 주요 관광지에서도 많은 외국인들을 목격할 수 있을 겁니다. 그들과 마주치면 먼저 인사를 건네고 말 한마디 나누는 것이 여러분에게는 직접 영어로 소통하는 소중한 기회가 됩니다. 결코 어려운 일이 아닙니다. 열린 마음과 약간의 적극성이 필요할 뿐입니다. 제가 최근 1년 동안 실제로 겪은 일들을 예로 들어 보겠습니다.

　러시아 관광객으로 추정되는 한 젊은 여성이 제게 다가와 길을 물었습니다. "Excuse me. Where is the subway station?(실례합니다. 지하철역이 어디에 있나요?)" 저는 즉시 손짓을 섞어서 가장 가까운 지하철역을 알려 주었습니다. "You should cross this road, and go straight about one hundred meters. Then you can see the entrance on your right.(이 도로를 건너서서 100미터쯤 죽 가세요. 그럼 오른편으로 입구가 보일 거예요.)" 어려운가요? 모르는 단어가 있나요? 학교의 영어수업에서 길 안내를 다 배웁니다. 길 안내는 수학능력 시험의 듣기평가에서 빈번하게 출제되는 문제라서 다들 열심히 공부하지요. 아는 단어를 동원해서 천천히 말하면 됩니다.

　퇴근길 집 근처에서 한 남성이 제게 다가왔습니다. 아랍인으로 추정되는 이 남성이 서툰 영어로 질문을 했는데, 제 귀에는 이런 소리가 들려왔습니다. "Where is 에마르트?" 순간 제 머리 속에서는 집 주변의 지도가 펼쳐졌습니다. '에마르트?' 처음 들어 보는 이름입니다. 순간 '그냥 I don't know라고 할까?'란 생각이 들었는데, 그 남성의 간절한 눈빛을 보고서 마음을 바꿨습니다. 제가 물었습니다. "What is 에마르트?" 그러자 그 남성이 다시 서툰 영어로 대답했습니다. "Big supermarket." 저는 잠시 '물건을 파는 곳 ≒ 에마르트'를 짝짓기해 보다가 답을 찾았습니다. 그가 찾는 곳은 바로 E-Mart였습니다. 길 안내는 쉬웠습니다. 아파트에 가려서 안 보일 뿐 아주 가까이에 있었죠. "It's right behind that apartment building.(바로 저 아파트 건물 뒤에 있어요.)"

그 남성의 발음을 교정해 주지 못한 채 보낸 것이 못내 아쉬웠지만, 저는 교훈 하나를 얻었습니다. '발음이 서툴다고 주눅 들지 말고 적극적으로 영어를 말하면 원하는 바를 얻을 수 있다!' 여러분도 꼭 기억해야 할 교훈입니다. 뜻이 있는 곳에 길이 있고, 말을 하면 들어 주는 것이 세상의 이치입니다.

몇 달 전에는 길 안내보다는 다소 어려운 영어를 구사해야 할 상황을 경험했습니다. 커피를 사려고 단골 카페에 들어갔습니다. 그런데 제 앞에서 점원과 한 백인 남성이 계산대 앞에서 뭔가 이야기를 하고 있었는데, 사실 그건 대화가 아니었습니다. 영어가 서툰 점원은 영어 단어 몇 개와 한국어를 섞어서 말하고 있었고, 외국인은 고개를 갸우뚱하며 연신 "What's the problem? I don't understand you.(뭐가 문제죠? 무슨 말인지 모르겠네요.)"로 대꾸하고 있었습니다. 제가 끼어들지 않을 수가 없었습니다. 영어를 말하고 싶어 입이 근질거려서가 아니라, 빨리 커피를 사서 사무실로 돌아가야 했기 때문입니다.

자초지종은 이렇습니다. 북미에서 온 것으로 추정되는 백인 남성은 라테 마키아토를 주문했는데, 점원이 더위를 먹었는지 엉뚱하게 값이 더 싼 메뉴의 버튼을 눌렀고, 그래서 가격에 차이가 생겼습니다. 계산은 이미 끝나 버린 상태였고요. 뒤늦게 자신의 실수를 깨달은 점원이 돈을 더 받기 위해 나름 설명을 했지만 말이 통하지 않았던 겁니다. 저는 'Excuse me. Can I help you?'란 말로 시작해서 그 손님에게 묻고 점원에게 확인을 하면서 천천히 영어로 상황을 설명했습니다. 이런 식의 대화였습니다.

필자: Have you ordered Latte Macchiato?(라테 마키아토를 주문하셨나요?)

손님: Yes, I have.(그랬죠.)

필자: She(점원) just made a mistake. She took your order wrongly, and so, less money. I think you should pay some more.(점원이 실수를 했어요. 주문을 잘못 받았고 그래서 돈을 덜 받았습니다. 당신이 돈을 좀 더 내셔야 할 것 같습니다.)

손님: Oh, I see! How much more do I have to pay?(아, 알겠어요! 얼마를 더 내면 되나요?)

이 책을 쓰고 있던 어느 봄날에는 이런 일도 겪었습니다. 필자가 식당에서 늦은 점심을 먹고 있는데, 백인 청년 둘이 식당에 들어와 제 바로 앞 테이블에 앉았습니다. 그런데 자리에 앉고 5분이 지나서도 주문을 하지 않고 있었습니다. 주인은 메뉴판과 물만 갖다 주고서 멀찍이 떨어져 서 있었고, 미국인으로 추정되는 그 청년들은 메뉴판을 뚫어지게 바라보며 서로 중얼거리고 있었습니다. 그러다가 한 청년이 스마트폰 통역 앱을 열고서 주인을 불렀습니다. 스마트폰의 도움을 받으며 뭔가 주문하는 듯했는데, 소통이 잘 되지 않았습니다. 통역 앱은 첨단이란 말이 무색하게도 전혀

'초능력'을 발휘하지 못하고 있었습니다. 마침 식사가 끝나서 저는 그들에게 다가가 먼저 말을 걸었습니다.

> 필자: I guess you guys need some translation.(당신들 통역이 좀 필요한 것 같은데요.)
> 손님 A: Oh! Yes, we do!(아! 네, 그래요!)
> 필자: So, what do you want to have?(뭘 드시고 싶은가요?)

그러자 한 명이 손가락으로 한 메뉴를 가리키며 물었는데, 저는 그제야 문제를 파악할 수 있었습니다. 메뉴판에는 빛바랜 사진과 함께 음식 이름이 한글과 영어[사실상 로마자 표기]로 표기되어 있었습니다. 외국인은 정확히 무슨 음식인지 알 수가 없어서 설명을 원했던 겁니다. 그가 가리킨 메뉴는 '얼큰이 칼국수'였습니다. 스마트폰 통역 앱의 능력을 벗어나는 지극히 토속적인 이름이지요.

> 손님 A: What is this?(이게 뭐지요?)
> 필자: That's noodle. Noodle in hot pepper soup.(국수예요. 매운 고추 국에 든 국수.)
> 손님 A: Yes, that's what I want to try.(네, 제가 먹어 보고 싶은 게 그거예요.)

그 다음, 다른 한 명에게 제가 물었습니다. "And how about you? What do you want to have?(그리고 당신은요? 뭘 드시고 싶나요?)" 그 사

자동 번역 앱이 통하지 않았던 '까다로운' 음식, 얼큰이 칼국수. 여러분이라면 어떻게 영어로 설명하시겠습니까?

람이 고른 것은 '유기농 야채 비빔밥'이었는데, 좀 까다로운 조건이 붙었습니다.

> 손님 B: I want this Bibimbab, but is there fish or meat in it?(이 비빔밥을 먹고 싶은데, 안에 생선이나 고기가 들어 있나요?)"
>
> 필자: 사장님? 여기 생선이나 고기가 들어가나요?
>
> 사장: 아뇨. 채소만 들어 있어요.
>
> 필자: No fish, no meat!(생선도 없고 고기도 없어요!)
>
> 손님 B: That's good. Because I am a vegetarian. Thank you so much.(잘 됐네요. 제가 채식주의자라서요. 정말 감사합니다.)
>
> 필자: You're welcome. Enjoy your meal! (천만에요. 식사 맛있게 하세요!)

그렇게 문제는 해결되었고, 저는 간단한 작별 인사를 하고서 흐뭇한 마음으로 식당 문을 나섰습니다. 제가 마음이 흐뭇했던 것은 영어로 소통을 해서 누군가에게 도움을 주고 '고마운 존재'가 되었기 때문입니다. 영어를 공부하는 이유에 대해 스스로에게 답을 했기 때문이기도 하지요.

이번엔 전철역에서 있었던 에피소드입니다. 출근길, 전철역에서 내려 개찰구를 빠져나오는데 홍콩인들로 추정되는 한 무리의 외국인들이 커다란 여행용 캐리어를 하나씩 잡고서 반대편 벽에 일렬로 서 있었습니다. 일행 중 한 명이 승차권에 이상이 생겼는지 밖으로 나오지 못하고 있었습니다. 누구나 외국에서 겪고 싶지 않은 난감한 상황이지요. 저도 외국 여행에서 비슷한 상황을 겪은 적이 있기 때문에 그냥 지나칠 수가 없었습니다. 그 남자는 얼굴이 벌개져서 연신 승차권을 터치패드에 갖다 대고 있었습니다. 제가 다가가 말을 걸었고, 간단한 대화가 시작되었습니다.

필자: Excuse me. What is the problem?(실례합니다. 뭐가 문제죠?)
관광객: This card is not working.(이 카드가 작동이 안 돼요.)
필자: Do you see the little red button below the pad?(패드 아래에 빨간색 작은 버튼이 보이시죠?)
관광객: Yes.(네)
필자: Then push the button.(그럼 그 버튼을 누르세요.)

다행히, 큰 짐을 든 승객들이 들고나는 개찰구였기에 문제 해결이 더 쉬웠습니다. 빨간색 호출버튼을 누르자 인터폰으로 역무원의 목소리가 들렸고, 제가 상황을 설명했습니다. 역무원은 귀찮은 듯 바로 원격으로 문을 열어 주었고, 제가 "Push the gate and you can get out.(문을 밀면 나올 수 있어요.)"이라고 마지막 영어를 날렸습니다. 그런데 그 다음에 아주 재미있는 장면이 연출되었습니다. 그 남자가 '탈출'에 성공하자, 기다리고 있던 십여 명의 일행이 일제히 깔깔 웃으며 박수를 쳤습니다. '뭐지? 재밌나?' 그리고 제가 그들을 지나칠 때 한 사람씩 똑같이 "Thank you!"로 인사를 했는데, 사실 전 그 '파도타기'식 인사가 무척 우스웠습니다.

여러분에게 제 경험을 들려주는 이유는 '영어를 어떻게 사용해야 하는가?'에 대한 질문에 대해 함께 답을 찾아 보고 싶어서입니다. 영어를 공부하는 목적은 우리말에 영어를 마구 섞어서 쓰기 위해서도 아니고, 영어 원어민들을 추종하기 위함도 아니며, 개인의 허영심을 채우기 위해서도 아닙니다. 우리가 계속 만나게 될 외국 사람들과 영어를 통해 생각을 공유하고, 서로 도움을 주고받기 위해서 영어를 배우는 것이지요.

여러분도 저와 같은 경험을 가능한 한 많이 해 보길 권합니다. 앞으로 더 중요한 일을 위해 영어를 사용할 수 있으려면, 지금부터 끊임없이 연습을 해야 합니다. 국내에서 만나는 외국인들은 아주 좋은 영어 실습 상대입니다. 한두 마디의 대화만으로도 많은 것을 얻을 수 있습니다. 내 입에서 나오는 영어가 외국인의 귀로 들어가 이해가 되고, 외국인의 입에서 나온 영어가 내 귀로 들어와 이해가 되는 신기한 경험을 할 수 있습니다. 그 경험이 자극이 되어 더 열심히 공부하고 싶은 마음이 솟구칩니다. '이런 말을 하고 싶었는데 영어로 생각이 안 났네. 어떻게 표현해야 할까? 내 말을 왜 이해하지 못하지? 뭐가 잘못된 걸까?' 이런 경험에서 비롯된 인식이 있어야 스스로 학습하는 습관이 생깁니다.

또한 영어를 활용해 외국인들을 대하며 도움을 주고받다 보면 소통의

외국인이 다가와서 이 질문을 한다면 여러분은 어떻게 대답하시겠습니까? 대답이 망설여진다면, 왜 영어를 공부하는지 다시 생각해 보십시오.

본질이 무엇인지 체감하게 됩니다. 소통은 서로에게 도움이 될 때 가장 유용하며 아름답습니다. 외국인이 영어로 길을 물으면 적극적으로 응대해 주십시오. "I can't speak English!"란 영어 문장을 유창하게 말하고서 그냥 가 버리면 안 됩니다. 우리나라의 이미지가 망가집니다.

입장을 바꿔 보면 돕지 않을 수 없습니다. 여러분의 부모님이 외국에서 곤란한 상황에 처했다고 생각해 보십시오. 아무도 다가와서 도와주지 않는다면, 아무도 응대해 주지 않는다면 어떻겠습니까? 여러분이 외국에서 곤경에 빠졌다면 어떻겠습니까? 현지인이 '그건 네 팔자지. 네가 알아서 해.'란 태도로 도움을 청하는 여러분을 모른 척한다면, 제때에 큰일을 보지 못해서 정말 큰일을 치르는 경우가 발생할 수도 있습니다.

상대방의 말을 경청하고 적극적으로 응대하는 태도는 분명 여러분을 성장시킬 것입니다. 영어 실력은 점점 향상될 것이며, 영어로 소통하는 일이 점점 편해지면서 영어를 다방면에서 활용하고 싶은 욕구가 강해질 것입니다. 그리고 그런 경험이 쌓이면 훗날 간디와 네루처럼 중요한 역할을 맡아 사회의 발전에 기여하게 될 것입니다. 영어는 그렇게 쓰는 것입니다.

Why should I learn English?

06

지식과 정보의 바다를 향해
- 영어로 펼치는 넓고 깊은 배움의 장

{ 영어로 만나는 인터넷 세상, 차원이 다르다!
영어로 펼치는 유학의 꿈
새로운 배움터, 국제학부와 무크(MOOC) }

영어로 만나는 인터넷 세상, 차원이 다르다!

　이제 인터넷이 없는 삶은 상상할 수 없습니다. 컴퓨터와 스마트폰을 갖고 있는 사람이라면 누구나 매일 인터넷으로 연결된 세상과 만납니다. 포털사이트에서 뉴스를 읽거나 시청하고, 궁금한 점은 검색어를 입력해서 찾아보고, 학습 사이트에 회원으로 가입해 강의를 듣기도 합니다. 심심할 때는 흥미로운 유튜브 영상을 보거나 게임을 하면서 시간을 즐기고, SNS로 친구들과 영상을 공유하고 문자로 수다를 떨기도 합니다.

　저 역시 인터넷이 주는 혜택을 누리고 있습니다. 이 책을 쓰면서 인터넷 덕분에 많은 자료와 정보를 얻을 수 있었고, 영어와 한국어 어휘들을 검색해 글의 완성도를 높일 수 있었습니다. 저는 인터넷이 없던 시절 학교에

컴퓨터와 스마트폰에서 인터넷 기능이 사라진다면 어떨까?

다녔고 사회생활도 했기 때문에 인터넷의 소중함을 절감합니다. 인터넷이 없던 시절에 이 책을 썼다면, 방대한 백과사전과 국어사전, 영어사전을 일일이 구비해서 페이지를 넘기고 있었을 것이고, 더 학식이 높은 주변 지인들에게 모르는 것을 물어보는 수고로움을 감수해야 했을 겁니다. 인터넷 연결에 이상이 생기면 정말 답답해서 미칠 지경이 되지요. 바보가 된 느낌도 들고, 하루 종일 안절부절못하며 금단증상에 시달리게 됩니다.

그런데 이렇게 일상의 필수품으로서 온갖 편리함을 제공하는 인터넷도 영어가 없다면 반쪽짜리 세상으로 변합니다. '인터넷을 온전히 활용하려면 영어를 잘해야 한다!' 여러분은 이 생각에 동의하시나요? 고개를 젓고 있다면, 안타깝게도 여러분은 '우물 안 개구리'의 범주에 속합니다. 한국어로만 인터넷을 사용하기 때문에 우물 밖 세상을 보지 못하는 것입니다.

인터넷과 관련된 각종 통계를 제공하는 w3techs.com이란 웹 기술조사 사이트가 있습니다. 정확성과 신뢰성을 인정받는 사이트입니다. 이 사이트에서 매일 자동으로 집계해서 업데이트하는 통계에 의하면, 2019년 기준 전 세계 인터넷 웹사이트의 내용 중에 약 55%가 영어로 표현되어 제공됩니다. 모든 언어를 통틀어 가장 많습니다. 2위는 러시아어인데, 전체의 약 6%를 차지합니다. 한국어는 얼마나 될까요? 1%가 안 됩니다. 이 문단을 쓰는 날 확인한 바로는 0.9%에 불과합니다.

영어를 읽고 들어서 내용을 이해할 수 있다면, 여러분은 인터넷 세상에서 자신의 시간과 공간을 확장할 수 있습니다. 0.9%가 55.9%로 팽창합니다. 비단 양적으로만 바뀌는 게 아니라, 질적으로도 변화합니다. 진지한 사용자라면 인터넷의 양면성을 절감했을 겁니다. 인터넷 세상에는 질적으로 우수하고 쓸모 있는 정보들도 많지만, 전혀 도움이 안 되는 허접한 정보들이 훨씬 더 많습니다. 여러분은 꼭 필요한 정보를 얻기 위해 인터넷 검색을 하다가 얼마나 많은 시간을 허비했나요? 제목이 그럴싸해서 사이트나 블로그에 들어갔다가 실망과 분노를 느끼고 나온 적이 얼마나 많나요? 여러분의 필요를 충족시키는, 수준에 맞는 정보가 얼마나 있던가요?

인터넷 정보의 활용 가치를 결정하는 몇 가지 중요한 요소들이 있습니다. 다른 요소들도 있겠지만, 가장 중요한 요소로 세 가지를 꼽을 수 있습니다. 구체적인 정보, 신뢰할 수 있는 정보, 최신 정보.

* 구체적인 정보: 정보는 구체적이고 풍부한 내용을 담고 있어야 합니다. 로봇의 작동 원리를 알고 싶어서 인터넷을 검색했는데, 클릭해서 들어간 사이트나 블로그에 일반적인 정의와 사진 몇 장만 달랑 있다면 바로 나와 버리겠지요. 누구나 다 아는 일반적이고 두루뭉술한 얘기는 정보로서의 가치가 떨어지기 때문에 외면 받을 수밖에 없습니다. 가능한 한 짧은 시간 안에 많은 정보를 얻을 수 있어야 인터넷을 검색하는 보람이 있겠지요.

* 신뢰할 수 있는 정보: 정보는 믿을 수 있어야 합니다. 신뢰성이 떨어지면 정보로서의 가치가 없지요. 인터넷에는 가짜 정보가 너무 많습니다. 취재나 조사도 하지 않고 사실을 왜곡해서 퍼뜨리는 가짜뉴스(fake news) 생산자들이 판을 칩니다. 전문가 행세를 하며 다른 사람들의 정보를 훔쳐다가 어설프게 가공해서 신뢰할 수 없는 정보를 제공하는 사람들도 많습니다. 심지어 방문자들을 골탕 먹이기 위해 일부러 잘못된 정보를 흘리는 심성이 비뚤어진 사람들도 있습니다. 근본적으로 소통하는 태도가 잘못되었기 때문에, 정보 제공자로서 자신의 정체성과 윤리의식을 망각하기 때문에 벌어지는 현상입니다.

1894년 미국 삽화가 프리드릭 오퍼(Frederick Burr Opper)가 그린 일러스트. 가짜뉴스를 퍼뜨리는 언론인들을 풍자한 그림인데, 지금 인터넷 세상에는 가짜뉴스를 퍼뜨리는 사람들이 무척 많다.

* 최신 정보: 최신 정보일수록 정보의 가치는 높아집니다. 가장 최근의 '사실'을 담고 있어야 정보의 신뢰성도 높아집니다. 또한 인터넷 사용자들은 현재의 사실과 미래의 전망에 관심이 많습니다. 정신이 없을 정도로 빠르게 변화하고 발전하는 세상에 적응하려면 항상 최신 정보를 접할 수 있는 원천을 확보해야 합니다. 블로그에서 맛집을 소개하는 글을 읽고서 찾아갔다가 이미 다른 가게로 바뀌어 당황하기도 합니다. 새로운 고고학적 발견으로 인해 구석기 시대가 500년 이상 앞서 시작되었다는 사실이 입증되었음에도 최신 정보를 접하지 못해서 혼자만 아니라고 우기는 답답한 학자도 있습니다. 이미 누군가 발명해서 상품화한 기술인 줄도 모르고 자신이 최초로 발명했다고 착각하며 특허를 내려다가 낭패를 보는 경우도 있습니다.

구체적인 정보, 신뢰할 수 있는 정보, 최신 정보, 이 세 가지 요소들에 더해, 다양성과 편리성도 인터넷 사용자들이 간절히 원하는 특성입니다. 같은 소재나 주제를 다루더라도 인터넷 이용자들의 수준에 맞는 다양한 컨텐츠(contents)가 제공된다면 좋겠지요. 초등학생들을 위한 한국사와 대학생들을 위한 한국사는 내용과 서술 방식이 달라야 가치가 있습니다. 또한 이용자들이 편리하게 정보를 찾고 활용할 수 있도록 배려할수록 가치는 더 높아집니다. 구글(Google)이 세계 최고의 검색 사이트가 될 수 있었던 것은 이용자들의 욕구를 고민하고 반영해서 편리성을 높였기 때문이지요.

인터넷 정보의 활용 가치를 결정하는 중요한 요소들, 그리고 앞에서 언급한 정보의 양 때문에 영어 공부가 더욱 절실해집니다. 영어를 잘하면 인터넷을 보다 효율적으로 활용해서 자기 삶의 공간과 시간을 확장할 수 있습니다. 인터넷에서 영어로 제공되는 정보들이 한국어로 제공되는 정보에 비해 압도적으로 양이 많을 뿐만 아니라 질적으로도 훨씬 더 가치가 있

주요 인터넷 도메인을 활용한 디자인. domain은 원래 '영역, 분야'를 뜻하는 영어 단어이다. 그리고 인터넷의 도메인을 장악하고 있는 언어는 영어다. 〈출처: 미국국립표준기술연구소〉

습니다. 왜 그럴까요? 근본적으로 미국, 영국, 캐나다, 호주 같은 영어권 국가들이 거의 모든 학문, 기술, 정보 면에서 앞서 있기 때문입니다. 많이 알기 때문에 영어로 표현되는 내용에서 배울 점이 많은 것입니다. 인터넷 세상은 현실 세상의 거울과도 같기 때문에 지식의 격차가 반영될 수밖에 없습니다.

저는 이 책을 기획하면서 거의 6개월 동안 인터넷에서 영어 공부의 이유, 목적을 주제로, 필요한 자료를 찾고 수집했습니다. 당연히, 처음에는 한국어로 제공되는 사이트와 블로그, 유튜브를 뒤졌습니다. 그러나 결과는 초라했습니다. 쓸 만한 자료가 거의 없었습니다. '영어를 공부하는 이유'란 제목을 달고서 엉뚱한 애기만 늘어놓는 황당한 경우가 허다했습니다. 결국 손에 쥔 것은 A4 용지 서너 장 분량의 정보뿐, 귀중한 시간만 허비한 꼴이 되고 말았습니다.

간절한 마음으로 영어 정보를 찾아 나섰습니다. 모국어가 아니기 때문에 영어를 활용할 때는 저 역시 부담감을 느낍니다. 그 부담감을 기대감으로 이겨내고서 영어의 세계로 뛰어들었습니다. 구글에 들어가 영어로 검색어를 치는 순간, 모니터 위에 완전히 새로운 세상이 펼쳐졌습니다! 다양하고 풍부한 자료들이 "왜 이제 왔냐?"는 듯이 마우스의 커서를 끌어당기고 있었습니다. 비록 한국어로 검색하는 것보다는 시간이 많이 걸렸지만 결실은 풍성했습니다. 몇 달 후, A4 용지 150장 정도의 정보가 제 손에 들어왔습니다.

그 경험은 이렇게 정리할 수 있을 겁니다. "한국어로 제공된 가치 있는 정보가 많았다면 굳이 이 책을 쓰지 않았을 것이다. 그리고 영어로 제공된 가치 있는 정보가 없었다면 이 책은 쓰기 힘들었을 것이다." 단언컨대, 영어를 공부하면 여러분은 인터넷 세상에 더 가까이 다가갈 수 있고, 무수히 많은 가치 있는 정보들을 여러분의 것으로 만들 수 있습니다.

또 하나 흥미로운 통계가 있습니다. 인터넷에서 영어로 말을 하고 글을 써서 소통하는 사람들이 전체 이용자의 약 36%를 차지합니다. 그 수가 많거나 적어서 흥미로운 것이 아니라, 영어로 만들어진 인터넷 컨텐츠의 비율 55%란 수치와 연관 지으면 흥미롭다는 얘기입니다. 사용자는 36%인데, 결과물은 55%이다! 이 현상은 무엇을 의미할까요? 영어를 구사하는 인터넷 이용자들이 다른 언어를 사용하는 이용자들보다 더 적극적으로 활발하게 인터넷을 활용한다는 의미입니다. 표현력이 더 왕성하다는 의미입니다.

내가 영어로 올린 내용을 이해해서 반응을 보이고 영어로 댓글을 다는 사람들이 많기 때문에 소통이 활발합니다. 영어로 묻고 답하고 정보를 요청하고 제공하는 선순환이 일어나기 때문에 인터넷의 영어 컨텐츠와 영어 사용자가 계속 늘어날 수밖에 없습니다. 또한 영어를 사용하는 사람들은 인터넷 데이터의 감시자이자 평가자로서의 역할을 하기도 합니다. 그래서 영어로 제공되는 정보의 활용 가치가 보장될 수 있는 것입니다.

마지막으로, 여러분이 꼭 기억해야 할 인터넷의 또 다른 중요한 기능이 있습니다. 영어로 제공되는 정보, 사이트, 동영상은 그 자체로 우리의 귀중한 영어 학습 자료가 됩니다. 인터넷은 하나의 거대한 영어 학원과도 같습니다. 영어로 작성된 글을 읽고 이해하는 독해 훈련, 댓글을 영어로 써서 자기 생각을 표현하는 글쓰기 훈련, 동영상을 보고 영어를 듣고 이해하는 청취력 강화 훈련, 카메라로 연결해서 외국인과 실시간 영어로 대화하는 말하기 훈련. 이 모든 공부가 인터넷에서 가능합니다. 읽기, 쓰기, 듣기,

말하기 영역에서 자연스럽게 영어 학습을 할 수 있는 공간이 바로 인터넷입니다. 대부분 공짜입니다. 필요한 것은 여러분의 의지와 규칙적인 시간 투자가 전부입니다.

인터넷의 영어 정보를 이용하는 과정에서 여러분의 영어 실력이 향상되고, 영어 실력이 향상됨에 따라 더 가치 있는 정보를 더 신속하게 검색하고 효과적으로 활용할 수 있는 능력이 자연스럽게 길러집니다. 발전이 발전을 부르고 성장이 성장을 부르는 선순환입니다. 이 선순환의 소용돌이 속으로 여러분의 일상을 던져 넣으십시오.

인터넷에는 체계적인 프로그램을 갖춘 무료 영어 학습 사이트들도 일일이 열거하기 힘들 정도로 많습니다. 그림과 동영상이 풍부한 유아 대상 학습 사이트부터 정치, 시사, 인문 등의 내용을 담고 있어 대학생들이 이용할 수 있는 사이트까지 다양합니다. 일상적인 영어회화를 배울 수 있는 사이트도 있고, 글쓰기 학습 전문 사이트도 있습니다. 자기 수준에 맞고 입맛에 맞는 사이트를 골라 회원 가입을 하고 규칙적으로 시간을 할애해 공부한다면, 비싼 수업료를 지불하며 영어 학원에 다니는 것보다 더 풍성한 결실을 맺을 수 있을 것입니다.

영어로 펼치는 유학의 꿈

매년 통계가 다르지만, 최근 몇 년 간의 통계를 종합하면 외국 대학에서 공부하며 유학 생활을 하고 있는 학생들, 그리고 조기유학을 떠나는 초중고생들의 수는 약 20만 명에 달합니다. 이 중에 약 60%는 미국, 캐나다,

캠퍼스 잔디밭에서 야외수업 중인 콜로라도대학교 학생들. 다양한 방식의 수업과 활동을 경험할 수 있다는 것이 유학의 큰 장점 중 하나이다. 〈사진: Patrick Campbell〉

영국, 오스트레일리아, 뉴질랜드를 비롯한 영어권 국가에서 공부합니다. 우리나라의 대학교에서 공부하다가 1년이나 6개월 휴학을 하고서 어학연수를 다녀오는 대학생들, 그리고 방학 기간을 활용해서 영어를 공부하기 위해 단기 어학연수를 경험하는 초중고생들을 포함하면, 영어권 국가로 떠나는 '유학생'들의 수는 훨씬 더 많아지지요. 그런데 이 학생들은 왜 타국에 나가서 공부하는 걸까요?

이 책의 주제를 빌려 표현하자면, 새로운 세상으로 나가 자기 삶의 공간과 시간을 확장하며 더 많은 것을 배우고자 유학길에 오르는 것입니다. 좀 더 쉽게 현실적으로 표현하자면, '학문이 더 발달한 국가에서 공부해

학사, 석사, 박사 학위를 따고, 더불어 영어를 유창하게 구사할 수 있는 상태로 변신해 금의환향한다.' 또는 어학연수의 경우에는 '짧은 기간이지만, 영어권 국가들의 문화와 교육 환경을 접하며 경험을 쌓고, 더불어 영어 실력이 일취월장 향상되어 돌아온다.' 그렇지요. 이 목적은 비단 유학을 떠나는 당사자들뿐만 아니라, 자녀들의 유학을 열심히 지원하는 부모님들도 바라는 바입니다.

여러분도 유학을 가서 이 목적을 달성하고픈 꿈을 꾸고 있나요? 그렇다면, 여러분은 지금부터 영어를 미친 듯이 공부해야만 합니다. 아마 이렇게 반론하는 학생들도 있을 겁니다. "어차피 영어권 국가에 가면 자연히 영어에 능숙해지고, 또 그러려고 유학을 가는 거 아닌가요? 그렇게 '미친 듯이' 영어를 미리 공부할 필요가 있나요?" 얼핏 그럴싸하게 들릴 수 있지만, 이런 생각은 비현실적인 착각에 가깝습니다. 유학의 목적을 달성하지 못한 채 도중에 돌아오는 사람들이 무수히 많습니다. 그리고 이들 중 상당수는 영어의 벽을 뚫지 못했기 때문에 실패하는 경우입니다. 성공적인 유학을 준비하기 위해서 여러분이 지금 당장 영어를 미친 듯이 공부해야 하는 이유를 설명하겠습니다.

우선, 영어를 잘해야 더 질적으로 우수한 학교에 입학할 수 있습니다. 우리나라 유학생들이 영어권 국가들 중 가장 선호하는 미국, 영국, 캐나다, 호주를 예로 들면, 토플(TOEFL)이나 아이엘츠(IELTS) 시험에서 고득점을 맞을수록 더 좋은 대학에 지원할 기회를 얻게 됩니다. TOEFL은 Test of English as a Foreign Language(외국어로서의 영어 능력 시험)의 약자이고 IELTS는 International English Language Testing System(국제 영어 시험 제도)의 약자입니다. 두 시험 모두 영어의 유창성과 교과 지식의 수준을 동시에 확인하는 시험인데, 난이도가 높아서 상당히 까다롭습니다. 입학의 기준은 우리나라에서 대학에 진학하는 것과 별반 다르지 않습니다. 시험 성적이 중요합니다. 유명 대학교일수록 고득점을 요구하기 때문에 커트라인을 넘지 못하면 아예 지원 자체가 불가능하지요.

여러분이 익히 들어 보았을 하버드, 스탠퍼드, MIT, UC 버클리, 예일 같은 미국 대학교들, 옥스퍼드, 캠브리지 같은 영국 대학교들의 경우, 전 세계의 인재들이 유학을 가고 싶어 하는 '꿈의 대학교'들이기 때문에 경쟁이 무척 치열하지요. 기본적으로 영어 실력이 부족하면 입학할 수 없습니

대학교 법대 도서관 중 세계에서 가장 규모가 큰 하버드대학교 법대 도서관 랑델 홀(Langdell Hall). 미국 최고의 수재들이 공부하는 곳이자, 공부 지옥의 대명사이기도 하다.

다. 물론 영어를 못한다고 해서 아예 유학을 가지 못하는 것은 아닙니다. 미국에는 약 4,500개의 대학교가 있는데, 이 중에는 지원만 하면 거의 선착순으로 입학을 할 수 있는 학교도 있습니다. 그러나 이런 학교에 들어가면, 앞에서 말한 유학의 목적을 달성하기 힘듭니다. 교육 프로그램도 엉성하고, 학생 복지나 시설도 좋지 않고, 교수들의 실력과 열정도 부족한 경우가 태반입니다.

제 주변에는 실망스러운 유학 경험을 해 본 사람들이 여럿 있는데, 그런 학교에는 애초부터 가지 않는 게 낫다고 이구동성으로 증언합니다. 호기롭게 미국으로 유학을 갔다가 1년 만에 돌아온 후배가 있는데, 그 친구는 제게 이렇게 자신의 경험을 들려주었습니다. "영어를 못하니까 토플 점수가 낮았어요. 유학 소개업체에서 괜찮은 대학이 있는데 토플 점수는 상관없다고 해서 그 학교에 지원해 유학을 가게 되었죠. 첫날부터 실망감이 몰려왔어요. 소도시에 있는 작은 대학교였는데, 정말 하루하루 지날수록 한숨만 늘더군요. 학생들은 공부의 열정이 거의 없고, 교수들도 학생들의 학업에 거의 신경을 쓰지 않았어요. 등록금을 내고 시간만 때우면 졸업한다는 분위기였지요. 무엇보다 실망스럽고도 놀라웠던 사실은, 전체 학생들 중 반 이상이 한국 유학생들이었다는 거예요. 미국 학생들과 영어로 대화하는 게 부담스러우니까 자연스럽게 한국 유학생들하고만 어울리게 되었고, 수업 시간 외에는 영어를 듣는 것조차도 힘들었어요. 한숨만 쉬다가 결국 1년 만에 때려치우고 돌아왔지요."

이렇게 유학의 목적을 이루지 못하고 도중에 포기하는 사람들은 너무도 많습니다. 이런 경우 아까운 시간과 돈을 허비하고, 인생의 기회를 놓치고, 자신감마저 잃게 되는데, 그 원인은 근본적으로 자신의 영어 실력 부족

영국 옥스퍼드대학교. 사진 속 두 건물을 잇는 아치형 다리의 정식 이름은 허트퍼드브리지(Herford Bridge)인데, 흔히 '탄식의 다리(The Bridge of Sighs)'라고 부른다. 공부에 지친 학생들이 저 다리를 건너면서 한숨을 내쉰다고 해서 붙여진 이름이다. 〈사진: Michael D Beckwith〉

에 있습니다.

그런데 사실 입학이 가능할 정도의 영어 실력만으로는 성공적인 유학 생활이 보장되지 않습니다. 왜냐하면, 입학과 동시에 여러분은 공부의 지옥에 빠지기 때문입니다. 미국이나 영국의 대학은 공부의 양이 많기로 유명합니다. 우수한 대학교일수록 학생들의 공부 부담은 더 큽니다. 강의를 성실하게 집중해서 들어야 하고, 한 학기에 수천 페이지의 책을 읽어서 소화해야 하고, 하루가 멀다 하고 주어지는 리포트 과제를 제출해야 하고, 그룹 과제나 실험, 발표도 해야 하고, 만만치 않은 시험도 대비해야 합니다. 물론 이 모든 것이 영어로 이루어집니다. 영어를 잘할수록 유학 생활이 편합니다. 영어 실력이 부족하면, 자유 시간도 부족하고 잠 잘 시간도 부족해집니다. 공부 지옥에 빠져서 극도의 스트레스를 받으며 허우적거리고 싶지 않다면, 최대한 영어 실력을 키운 다음에 유학을 떠나는 게 바람직합니다.

대학의 프로그램을 잘 소화한다는 것은 그만큼 많은 지식을 얻고 영어 실력도 향상된다는 의미입니다. 유학의 목적을 이루는 것이지요. 대부분의 학생들이 부모님이 힘들게 일해서 번 돈으로 비싼 등록금과 생활비를 충당합니다. 그리고 그에 못지않게 귀중한 시간, 바로 여러분의 청춘을 투자하는 것이 유학입니다. 따라서 유학 기간 동안 최대한의 성과를 거두어야 합니다. 그러려면 지금부터 영어를 열심히 공부해야 마땅하지요.

어학연수도 크게 다르지 않습니다. 어학연수 프로그램은 흔히 랭귀지 코스(Language Course)라고 부르는데, 나이, 지적 수준, 영어 실력 등에 따

대학교 졸업식. 모든 유학생들이 꿈꾸는 영광스러운 순간이다. 험난한 과정을 거치며 열심히 공부해야 그 영광을 얻을 수 있다.

라 레벨이 다르지요. 그런데 어떤 레벨이든지 영어를 잘할수록 얻는 게 많다는 점은 같습니다. 수준에 맞는 영어 실력을 갖추어야 수업 중에 더 많은 것을 들을 수 있고 더 많이 말할 수 있습니다. 거꾸로 생각해 보면 이해하기 쉽습니다. 지금 여러분의 교실에 한국어의 말과 글이 서툰 친구가 있다고 가정해 봅시다. 이 친구가 수업을 온전히 소화할 수 있을까요? 수업 중에 '선생님께서 무슨 말씀을 하시는 거지? 저 말이 무슨 뜻이야?' 같은 아리송함이 그 친구의 머리를 계속 떠나지 않을 겁니다. 이해력이 떨어지니 적극적인 표현도 불가능합니다. 친구들과 잘 어울리기도 어렵습니다. 결국 수동적인 학생이 되는 것이지요.

단어 몇 개 더 알기 위해서 어학연수를 가는 것은 아닙니다. 어학연수에 다녀왔다고 자랑하기 위해서 가는 것도 아닙니다. 최대한의 성과를 얻기 위해서 가는 것이지요. 수업 중에 들리는 영어를 이해하고 자기 생각을 영어로 표현하는 과정에서 실력이 향상됩니다. 또한 영어로 일상적인 대화를 어느 정도 할 수 있어야 함께 수업을 듣는 다른 학생들과도 쉽게 친해질 수 있습니다. 적극적이고 사교적인 학생이 되는 것이지요. 외국에 가서 수업을 잘 소화하고 친구들과 많이 대화해 본 경험은 유학에서 돌아온 후에도 두고두고 큰 자신감으로 남습니다. 이것이 유학과 영어 어학연수를 준비하며 미리 영어를 열심히 공부해야 하는 이유입니다.

새로운 배움터, 국제학부와 무크(MOOC)

그런데 유학의 기회가 누구에게나 주어지는 것은 아니지요. 유학의 꿈을 꾸지만 가정 형편상 꿈을 펼치지 못하는 사람들도 많습니다. 그리고 다른 외국어를 공부해서 영어권 국가가 아닌 다른 나라로 유학을 가고자 계획하는 사람들도 있지요. 어떤 경우든, 배움에 뜻이 있고 영어를 좋아하는 학생들이라면 반색할 만한 두 가지 희소식이 있습니다. 그것은 바로 국제학부와 무크(MOOC)의 확장과 성장입니다.

국제학부의 정의는 이렇습니다. "영어에 익숙한 외국인 유학생들과 국내 학생들이 모여서 함께 공부하며 학위도 취득할 수 있는 대학교 내의 학부." 유럽의 여러 나라들, 중국과 일본, 러시아의 대학들에 이런 학부들이 개설되어 있는데, 명칭은 Division of International Studies, School of International Liberal Studies, College of International Studies 등등 대학마다 다양합니다. 우리나라의 주요 대학교들에도 이런 학부들이 있는데, 흔히 "국제학부"라고 부르기 때문에 이 책에서는 이 용어로 통칭하겠습니다.

국제학부의 공통점은 외국 유학생들과 영어에 익숙한 국내 학생들에게 입학 기회를 준다는 점, 수업을 비롯한 학습 프로그램이 대부분 영어로 진행된다는 점, 영어는 물론 현지의 언어까지 따로 공부할 수 있도록 배려한다는 점 등입니다. 대부분 시험과 인터뷰를 통해 영어로 듣고 말하고 읽고 쓰는 능력을 평가해서 입학을 허가하는데, 다양한 국적의 학생들과 교수들이 영어로 소통하며 함께 공부하기 때문에, 말 그대로 '국제적인(international)' 학습 공간이라 할 수 있습니다.

국제학부의 확장세가 가장 두드러지는 국가는 우리의 이웃인 중국과 일본입니다. 한국인 유학생 유치 국가 순위 1위인 중국의 경우, 북경대, 칭화대, 중국인민대, 상해교통대 등등 주요 대학들에 이런 국제학부가 있는데, 규모가 클 뿐만 아니라 영어권 국가들의 주요 대학과 협력해 교육 프로그램과 교수진을 공유하는 경우가 많습니다. 중국의 영향력이 커지면서 외국 유학생들의 수가 폭발적으로 증가하고 있기 때문에 국제학부의 위상은 계속 커지고 있습니다. 또한 중국 내에서 영어 교육의 중요성이 부각되면서 주요 대학교들에서 자국 학생들을 대상으로 영어로만 수업을 진행하는 과목들이 속속 개설되고 있습니다.

한국 유학생들이 네 번째로 선호하는 국가인 일본은 국가 차원에서 적극적으로 대학교들의 국제학부 개설과 운영을 지원하고 있습니다. 2009년부터 문부과학성에서 "글로벌(Global) 30"이란 프로그램을 운영하고 있는데, 외국인 유학생들, 특히 영어권 국가의 유학생들을 유치해 일본의 대학교들이 국제화 시대에 적응하고 경쟁력을 확보할 수 있도록 재정 지원까지 하고 있습니다. 도쿄대, 오사카대, 규슈대 같은 국립학교들과 와세다대, 게이오대 같은 사립 명문 학교들에서도 국제학부의 규모가 점점 커지고 있습니다. 중국과 마찬가지로 영어권 국가들의 대학들과 손잡고 프로그램을 공유할 뿐만 아니라 명망 있는 외국인 교수들을 적극 초빙해서 교육의 질을 높이는 노력을 꾸준히 하고 있습니다.

국제학부의 증가는 전 세계적인 추세입니다. 우리나라에도 국제학부를 개설해 운영하는 대학교들이 늘고 있습니다. 대학마다 국제학부를 확장하고 교육당국이 이를 적극적으로 지원하는 목적은 몇 가지로 압축할 수 있습니다.

첫째는 다양성의 경험입니다. 다양한 문화, 다양한 사고를 가진 전 세계의 학생들과 교수들이 함께 생활하며 학문을 교류함으로써 보다 혁신적인 생각을 갖게 되고 서로 발전할 수 있습니다. 이를 토대로 학교도 다방면에서 성장하고 결국 국가의 경쟁력도 강해지지요.

둘째, 자국의 인재 양성입니다. 대체로 국제학부의 학생들 중 약 50%는 영어 실력을 갖춘 국내 학생들입니다. 이 학생들은 국제학부에서 공부하면서 영어로 표현되는 학문에 익숙해지고, 다른 나라의 학생들과 경쟁하고 교류하면서 인재로 성장하게 됩니다.

세 번째 목적은 자국에 친화적이며 영향력 있는 세계인들의 확보입니다. 유학을 통해 긍정적인 경험을 하고 많은 것을 배웠다면, 대개는 자신이 유학한 학교와 국가에 대해 친근감을 느낄 수밖에 없습니다. 유학을 경험한 인재들이 자국으로 돌아가 훗날 중요한 역할을 맡게 된다면 유학의 경험을 제공한 국가 입장에서는 큰 힘을 얻게 되는 것입니다.

영어권이 아닌 국가로 유학하더라도 영어를 잘하면 모든 면에서 유리합니다. 선택과 기회의 폭이 넓어지지요. 국제학부에 입학하면 원하는 분야에서 학문을 익히고 학위를 취득할 수 있을 뿐만 아니라, 영어 실력도 빠르게 늘고 그 나라의 언어까지도 배울 수 있습니다. 또한 영어로만 강의하는 다른 학부의 과목도 자유롭게 수강할 수 있으니 유학 비용이 아깝지 않겠지요.

상황이 여의치 않아서 유학을 가지는 못하지만 배움에 목말라하는 이들에게 시대가 주는 선물이 하나 있습니다. 무크(MOOC)! MOOC는 Massive Open Online Course의 약자인데, 우리말로 옮기자면 '대규모 공개 온라인 강좌'입니다. 흔히 무크라고 부르고, 대학교 온라인 공개 수업이라고도 합니다.

유명 대학교들뿐만 아니라, 구글(Google), 마이크로소프트(MS) 같은 세계적인 기업에서도 IT 전문 강좌를 만들어 무크로 제공하고 있습니다.

무크는 배움을 갈망하는 사람이라면 누구나 이용할 수 있는 인터넷 상의 열린 대학교이다.

또한 수년 전부터 독일, 프랑스, 영국 등의 유럽 국가들과 인도, 중국, 일본 등의 아시아 국가들에서도 많은 대학교들이 무크 서비스에 뛰어들고 있습니다. 영어권 국가들의 주요 대학들에 한정해서 무크의 특성을 간단히 정리하면 다음과 같습니다.

* 미국, 캐나다, 영국의 주요 대학교들이 인터넷으로 강좌 프로그램을 제공한다.
* 프로그램이 다양하고, 세계적인 석학들과 각 대학을 대표하는 유명 교수들의 강좌가 많이 개설되어 있다.
* 대부분 무료다. 강좌를 성실하게 듣고 적극적으로 공부하면 나중에

수료증을 받을 수도 있다. 유료 사이트의 경우에도 1년에 200~300달러 정도 내면 모든 강좌를 수강할 수 있다.

* 프로그램은 모두 영어로 이루어져 있다. 강의도 영어로 듣고, 과제도 영어로 하고, 토론도 영어로 한다. 일부 영어 외의 언어로 강의가 진행될 경우에는 영어 자막이 제공된다.
* 쌍방향 커뮤니케이션이 가능하다. 교수에게 질문을 할 수도 있고, 학생들끼리 토론도 할 수 있으며, 스터디그룹 방을 만들어 활동할 수도 있고, 서로의 과제와 주장에 대해서 평가를 주고받을 수도 있다.
* 교과서도 필요 없다. 수업에 필요한 읽기 자료와 영상도 무료로 제공된다.
* 현재 전 세계 수많은 인터넷 이용자들이 무크로 공부하고 있다. 인기 강좌의 경우 학생이 수천 명씩 몰려든다. 물론 영어를 잘해야 많은 지식을 얻을 수 있다.
* 입학시험은 없다. 누구나 신청할 수 있다. 중간에 포기해도 책임질 필요가 없다.
* 인터넷 강좌 서비스 사이트인 무크 플랫폼에 접속해서 강좌를 선택하고 수강 신청을 한다. 대개 이름과 국적, 이메일 주소, 아이디(ID), 패스워드(password)만 입력하면 신청이 가능하다. 가장 활성화된 무크 서비스 사이트들을 4개만 꼽으면 다음과 같다.

    - 에드엑스(www.edx.org)
    - 코세라(www.coursera.org)
    - 유다시티(www.udacity.com)
    - 퓨처런(www.futurelearn.com)

* 애플리케이션을 설치하면 스마트폰으로도 무크를 이용할 수 있다.

2018년의 통계를 보면, 전 세계 895개 대학교에서 무크 서비스에 참여하고 있습니다. 강좌 수가 가장 많은 대학교들을 다섯 개만 꼽아 보면, MIT(Massachusetts Institute of Technology)가 198개, 스탠퍼드대학교(Stanford University)가 178개, 미시간대학교(University of Michigan)가 169개, 하버드대학교(Harvard University)가 155개, 펜실베이니아대학교(University of Pennsylvania)가 150개 강좌를 제공하고 있습니다. 사실 강좌 수와 학생 수는 통계가 무의미할 정도로 많습니다. 대학교에서 배우는

세계 최고의 공과대학으로 꼽히는 MIT는 세계에서 가장 많은 무크 강좌를 제공하는 대학이기도 하다.

거의 모든 분야의 강좌들을 접할 수 있고, 인터넷 서비스가 제공되는 거의 모든 국가들에서 수천 만 명의 학생들이 무크로 공부하고 있습니다. 무크는 인터넷 상에 존재하는 '세상에서 가장 큰 대학교'라고 부를 만하고, 그 규모는 계속 커지고 있습니다.

무크의 규모가 커지는 이유는 공부의 기회를 잡으려는 사람들이 그만큼 많기 때문입니다. 중고생, 대학생들은 관심 있는 분야의 기초적인 강의를 듣고 영어 공부도 함께 하기 위해 무크를 이용합니다. 유학을 계획하는 학생이라면 무크로 영어권 대학교의 강의를 들으며 자신이 과연 유학을 갈 정도의 실력이 되는지 확인해 볼 수도 있습니다. 회사에서 필요한 업무 지식을 얻기 위해 무크 강의를 신청하는 직장인들도 있고, 심지어 최근의 학문적 성과를 접하거나 영어권 대학교의 교수들이 쓰는 강의 방식을 참고하기 위해 무크를 활용하는 대학교 교수들도 있습니다.

무크로 공부하는 기회가 더 큰 인생의 기회를 불러올 수도 있습니다. 2013년 인도 자발푸르에 살던 17세 소년 아몰 바베이(Amol Bhave)가 세상을 깜짝 놀라게 했습니다. 아몰 바베이는 에드엑스(edx)에서 MIT대학교의 공개강의 '회로이론과 전자공학' 코스를 수강하고 97점의 높은 점수를 받았는데, 그의 성실함과 실력을 인정한 교수가 추천서를 써 주어서 MIT에 입학할 자격을 얻었습니다. 세상은 그의 어린 나이에 한 번 놀라고, 무크를 계기로 세계 최고의 대학교에 정식으로 입학할 수 있다는 사실에 또 놀랐습니다.

무크는 세상이 주는 선물입니다. 지금 인터넷 검색창에 '무크'나 'MOOC'를 입력하고 그 선물이 과연 받을 만한지 살펴보길 바랍니다. 그 선물을 받고자 하는 여러분을 위해 제가 인터넷 사이트를 하나 소개하겠습니다.

class-central.com

무크 플랫폼 전체를 통틀어 현재 시점에서 개설되어 있는 강좌가 모두 정리되어 있는 무크 검색 엔진입니다. 대학별, 학문 분야별로도 가지런히 정리되어 있기 때문에 찾아보기 편합니다. 어떤 강의인지, 프로그램이 어떤지, 무료인지 유료인지도 알 수 있습니다. 특히 무크가 생소한 분들은 이 사이트에 패트 보우든(Pat Bowden)이 작성해 올린 〈Beginners Guide to Massive Open Online Courses(MOOCs)〉란 제목의 글을 읽어 보길 권합니다. 물론 영어로 작성되어 있습니다. 독해 실력을 발휘해 직접 무크를 만나 보세요.

지금까지 영어와 인터넷, 유학, 국제학부, 무크의 관계에 대해서 살펴보았습니다. 세계 모든 나라와 민족이 점점 더 촘촘하게 연결되고 서로 영향을 미치는 '세계화'가 진행되고 있습니다. '지구촌'이란 말 그대로, 현재의 인류는 마치 하나의 마을에 살고 있는 듯이 긴밀한 관계를 맺으면서 소통하고 있습니다. 그리고 소통을 통해서 배움을 얻습니다. 배움의 과정이 곧 삶입니다. 인간은 태어나면서부터 죽을 때까지 세상을 배웁니다. 그리고 배우면서 성장합니다. 배움이 중단되면 성장은 멈추고 쇠락의 길을 걷게 됩니다. 영어가 여러분의 배움과 성장을 도울 것입니다. 영어를 공부하면서 더 넓고 깊은 배움의 장으로 들어가십시오.

Why should I Learn English?

07

비즈니스 세계를 지배하는 영어

{ 이놈의 회사, 그놈의 영어!
우리 사장님께 영어의 축복이 함께 하길!
꿈 + 영어 = 내가 하고 싶은 일을 하면서 행복하게 살 테야! }

이놈의 회사, 그놈의 영어!

먹고사는 문제와 영어의 관계는 아마도 이 책을 읽는 독자들이 가장 관심을 갖는 화두일 것입니다. '먹고살기 위해서 영어를 반드시 공부해야만 하는가? 영어를 공부하지 않으면 먹고살기 힘들까?' 이 질문에 대한 저의 대답은, '영어를 공부하지 않아도 충분히 먹고살 수 있다!'입니다.

세상에는 수만 가지 직업이 존재하고, 먹고사는 방법은 참으로 다양합니다. 직업이 요구하는 역할이 다르고, 개인의 재능과 적성, 선택도 다릅니

전철을 타고 출근하는 사람들의 모습. 밥벌이를 위해 내가 하는 일은 나의 정체성이자 행복을 결정짓는 인생에서 가장 중요한 활동이다.

7장 _ 비즈니스 세계를 지배하는 영어 · 143

다. 영어를 잘 못해도 밥벌이를 할 수 있는 일은 무수히 많고, 생존의 방법도 무수히 많습니다.

그런데 '먹고산다'란 말에 '어떻게? 얼마나 풍요롭게? 얼마나 행복하게?' 같은 질문이 붙으면 직업과 영어의 관계가 달리 보이기 시작합니다. 회사에 취업해서 일하든, 자기 회사를 차려 사업을 하든, 장사를 하든, 정도의 차이는 있지만 항상 영어와의 관계에서 벗어날 수 없습니다. 세상 모든 직업은 비즈니스이고, 세계화의 시대인 현재, 비즈니스를 지배하는 언어는 영어이기 때문입니다.

그리고 비즈니스의 원동력은 바로 인간의 욕망입니다. 무슨 직업을 선택해서 일을 하든, 누구나 '더 많이, 더 쉽게, 더 빨리, 더 만족스럽게' 돈을 벌고 싶어 합니다. 그 보편적인 인간의 욕망과 비즈니스 세계의 보편적 언어인 영어가 관계를 맺습니다. 영어가 욕망을 실현시키는 중요한 수단이 되기 때문이지요.

노동고용부와 한국고용정보원이 함께 발표하는 〈한국직업사전〉에 따르면, 우리나라에는 2018년 기준 약 12,000여 가지의 직업이 있습니다. 이 모든 직업들과 영어의 관계를 일일이 구체적으로 설명하는 것은 불가능에 가깝지요. 아마도 직업 수만큼의 책이 필요할 겁니다. 그래서 이 장에서는 그 관계의 본질이 드러나는 현실 상황을 집약해서 효율적으로 보여 주고자 합니다. 직업과 영어의 관계를 관통하는 중요한 개념인 세계화, 비즈니스의 원리, 변화의 흐름을 잣대로 삼아 가장 많은 사람들이 겪고 있는, 그리고 앞으로 마주하게 될 현실을 살펴봅시다. 우선 제가 많은 사람들에게서 자주 들었던 푸념을 몇 가지 소개하겠습니다.

"그 회사에 지원했다가 결국 떨어졌어. 웃기지 않아? 건설회사에 취직하는데 토익 점수가 뭐가 그리 중요해? 대학교에서 성적도 괜찮았고 건축 설계도 잘 할 수 있는데, 그러면 됐지, 왜 영어까지 잘해야 하는데? 면접에서 어떤 면접관은 영어로 질문을 하더라고! 참 기가 차서!"

"나는 아직도 이해를 못하겠어. 회사 승진 시험에 왜 영어 시험이 있어? 업무 실적이 좋고 성실하게 일한 사람이 먼저 승진해야 하는 거 아냐? 그 회사에서 10년쯤 근무하다 보니까 입사 동기들 몇몇은 영어를 잘한다는 이유로 내 위로 올라가고, 심지어 후배들까지 치고 올라오는 거야. 더럽고 치사해서 지난달에 회사를 때려치웠지!"

"아, 힘들다! 이놈의 회사는 다 좋은데, 너무 오버하는 게 탈이야. 아 글쎄, 직원 교육 프로그램인가 뭔가 운영한다고 나더러 영어회화 학원에 다니란다. 저녁에 다닐 수 있냐? 거래처 사람들하고 술자리도 있고 친구들도 만나야 하는데? 할 수 없이 새벽반에 등록했지. 정말 피곤해 미치겠다!"

제게 이런 말을 한 사람들이 품고 있는 공통의 의문은, '기업이 왜 그다지도 영어를 중요하게 생각하는가?'입니다. 그에 대한 저의 대답은 아주 간단합니다. '기업의 목적은 최대한의 이윤을 창출하는 것이기 때문이다!' 쉽게 말해, 기업을 운영하는 목적은 돈을 최대한 많이 버는 것입니다. 돈을 최대한 많이 벌고 싶다면 최대한 넓은 시장에 뛰어들어야 합니다. 가능한 한 많은 사람들에게 자사의 제품을 팔아야 하지요. 5천만 명이 사는 한반도의 남쪽도 작은 시장은 아니지만, 76억 명이 사는 세계 시장에 비하면 정말 작은 우물 속의 구멍가게에 불과합니다. 그 우물에서 벗어나 바깥세

비즈니스 세계에서 사업의 기본은 만남과 소통이다. 그리고 세계 시장에서 만남과 소통을 가능하게 하는 것은 바로 비즈니스 공용어인 영어이다! 〈출처: rawpixel.com〉

상으로 나가 활동하려면 반드시 영어 사용 능력을 갖추어야 합니다. 왜? 비즈니스 세계에서 영어가 공통의 언어, 링구아 프랑카이기 때문입니다.

세계 시장에서는 거의 모든 비즈니스 활동이 영어로 이루어집니다. 생산, 유통, 판매, 소비, 무역 등등 모든 것이 영어로 연결되어 있습니다. 세계 시장에서는 비즈니스로 접촉하는 사람들이 국적에 상관없이 대부분 영어로 소통합니다. 회사명, 상품명, 기업이나 상품의 홍보 문구가 대부분 영어로 표현되고, 상품을 사고파는 과정에서 필요한 각종 문서들의 작성은 물론, 직접 협상, 전화통화, 이메일 같은 의사소통도 영어로 하는 것이 일종의 약속이고 관행입니다. 그래야 세계 시장에서 사업이 가능하기 때문입니다.

예를 들어 삼성(三星)이란 회사명은 이미 널리 알려져 있는 고유명사이기 때문에 Three Star로 바꾸지는 않지만, 최소한 Samsung으로 영어 알파벳을 써서 표기합니다. 삼성의 대표적인 스마트폰의 이름도 '은하수'가 아니라 Galaxy이고, 홍보문구도 'Couldn't be better!(더 이상 좋을 수 없다!)'처럼 영어로 표현됩니다. 전 세계 시장에서 가장 많은 소비자들이 사용하거나 이해하는 언어가 영어이기 때문에, 영어로 표현해야 소비자들의 마음에 기업과 상품을 각인시키고 구매 욕구를 자극할 수 있습니다.

기업 활동은 대단히 복잡하기 때문에 구체적으로 묘사하기는 힘들지만, 여러분이 스마트폰을 만드는 대기업에 입사해 일한다고 가정해서 영어가 사용되는 사례를 간단히 살펴보겠습니다. 스마트폰은 최첨단 기술이 적용되는 상품이며 주요 경쟁사뿐만 아니라 핵심 기술을 보유한 부품과 프로그램 업체들이 대부분 미국 기업들이기 때문에 미국 시장이 가장 중요합니다. 미국 시장에서 성공하면 좋은 제품으로 인정을 받아 다른 시장에서도 성공할 가능성이 높아집니다. 그래서 제품 개발과 생산, 판매, 유통 과정에서 영어가 더욱 중요하지요.

우선 정보를 수집하려면 영어가 꼭 필요합니다. 시장 조사를 할 때 이미 시장에 나와 있는 자사와 경쟁사 제품들의 특성과 소비자 반응을 조사해야 하고, 시장의 경향도 파악해야 합니다. 또한 새롭게 개발된 기술을 숙지해야 하고, 경쟁사의 기술 수준과 신상품 출시 계획까지도 알아내야 합니다. 그러려면 정말 많은 정보가 필요하지요.

영어를 구사할 수 있는 직원들이 미국에 파견되어 직접 시장 조사를 합니다. 판매업체를 직접 방문해 영어로 대화하며 정보를 얻습니다. 인적 네트워크를 총동원해서 스마트폰 업계의 감추어진 정보들을 캐냅니다. 인터넷에 흩뿌려져 있는 소비자들의 반응을 최대한 많이 검토해서 의미 있는 정보를 수집하고 정리합니다. 한국어는 통하지 않습니다. 말이든 글이든

이제 어딜 가나 누구나 항상 스마트폰을 손에 쥐고 있다. 전 세계 약 20억 명이 사용하는 스마트폰 시장에서 영어를 모르면 사업 자체가 불가능하다. 〈출처: freeqration.com〉

모든 정보는 영어로 표현되어 있습니다. "제가 당신을 위해서 친절하게 한국어로 번역해 놓았어요. 감동하셨죠?" 같은 얘기는 꿈속에서나 들을 수 있지요. 영어를 못하면 정보 수집은 불가능합니다.

제품 개발과 생산 단계에서도 영어가 대단히 중요한 역할을 합니다. 다른 업체가 특허를 낸 신기술, 새로 개발한 부품을 빌려다가 쓰려면 반드시 구매 계약을 해야 합니다. 이 과정에서 개발하고자 하는 스마트폰의 품질과 가격 경쟁력이 결정되므로 상품의 사활이 걸린 중요한 과정일 수밖에 없습니다. 협상단이 오고가며 직접 만나 수차례 협상을 하고 화상회의도 합니다. 또한 무수히 많은 이메일, 전화 통화를 주고받고, 계약서를 작성합니다. 물론 모두 영어로 이루어집니다. 미국이 아니라, 중국, 일본, 독일의 기술을 빌리거나 부품을 조달하더라도 의사소통은 대부분 영어로 이루어집니다.

제품의 이름이나 대표 콘셉트(concept) 문구를 지을 때, 영어는 정말 살 떨리는 언어로 변신합니다. 비록 단어 하나, 짧은 문장 하나에 불과하지만, 그 짧은 표현 하나에 상품의 생명이 달려 있습니다. 상품의 영어 이름은 정말 많은 것을 내포합니다. 상품의 본질과 가치, 이미지를 담을 뿐만 아니라 상품을 구매하는 전 세계 소비자들의 욕구를 자극하고 충족시킬 수 있어야 합니다. 그래서 네이밍(Naming)을 책임지는 부서의 직원들은 몇 달씩 잠도 제대로 못자고 이름 짓기에 골몰할 수밖에 없습니다.

영어 표기를 보자마자 웃음을 터뜨릴 수밖에 없는 상품의 이름을 몇 개 소개하겠습니다. 생산지와 주요 소비 시장에서는 자연스럽게 통용될 수도 있겠지만, 상품명을 영어로 이해하는 외국인들은 깜짝 놀랄 만한 이름들입니다. 잠깐 웃어 봅시다.

* Pee Cola : 아프리카 가나에서 판매되는 콜라인데, pee(오줌) 때문에 경악할 수밖에 없습니다. 어떤 맛일지 호기심이 생기지만 기분이 상쾌해지는 않을 것 같습니다.
* Soup for Sluts : 일본에서 출시됐던 인스턴트 라면의 이름인데, 누가 먹으라고 만든 건지 도무지 이해할 수 없습니다. slut은 "행실이 나쁜, 성적으로 문란한 여자"를 칭하는 단어인데, 아마도 작명가가 19세기에 쓰던 "살림하기 싫어하는 게으른 여자"의 의미로 이해한 것 같습니다. 설령 그렇더라도 여전히 소비자를 모욕하는 것으로 오해받기 쉽겠네요.
* Pet Sweat : 일본에서 만든 반려견용 이온음료입니다. 유명한 이온음료인 '포카리 스웨트(Pocari Sweat)'를 모방한 듯한데, 누가 봐도 그

냥 병에 '반려동물의 땀'을 담아 파는 것으로 이해됩니다.
* Urinal hot drink: 동부 유럽에서 인기 있는 체코의 건강음료 회사 Walmark에서 만드는 블루베리 분말인데, Urinal(남성용 소변기) 때문에 한번 웃게 됩니다. 그런데 실제로 신장, 방광, 요도의 기능 향상에 도움이 된다고 제품 홍보를 하고 있습니다.
* Barf detergent powder: 이란에서 생산되어 주변 이슬람 국가들에도 많이 수출되는 빨래용 가루 세제입니다. 페르시아어로 '바르프'는 새하얀 '눈(snow)'을 뜻합니다. 빨래가 깨끗해진다는 의미로 붙인 이름일 텐데, 영어로 barf는 '토하다, 구토'를 뜻하는 단어입니다.

사람의 이름을 잘못 지으면 학창시절에 친구들에게 놀림을 받다가 나중에 법원에 가서 개명을 할 수 있지만, 제품의 이름을 잘못 지으면 한순간에 공든 탑이 무너집니다. 특성과 장점이 드러나지 않는 이름, 뉘앙스가 이상한 이름 때문에 그동안의 노력이 전부 수포로 돌아가는 경우가 종종 발생합니다. 한번 잘못 지으면 나중에 바꿀 수도 없습니다. 그래서 기업에서는 막대한 비용을 들여서 마케팅 전문 회사에 브랜드(brand)의 작명과 이미지 메이킹을 의뢰하기도 합니다.

또한 세계 시장을 세분해서 소비자들의 성향과 기호를 고려해 다른 이름을 붙이기도 합니다. 국내 판매용 이름과 해외 판매용 이름이 다른 경우가 많고, 북미 시장, 유럽 시장, 아시아 시장에서 판매하는 상품에 각기 다른 이름을 붙이는 경우도 많습니다. 문화가 다르고 시장의 특성과 소비자의 의식이 다르기 때문에, 가장 적합한 상품명을 붙이기 위해 노력하는 것이지요.

판매와 마케팅을 위해서도 영어는 필수입니다. 각국에 설립된 지사들과 대리점은 물론, 오프라인, 온라인 유통업체와 판매 계획과 조건을 공유해야 합니다. 영어로 작성된 수많은 문서들과 계약서가 컴퓨터를 가득 채웁니다. 각종 언론 매체에 접촉해서 신제품 출시 정보가 기사로 보도될 수 있도록 해야 하고, TV나 인터넷 매체들과 광고의 계획과 비용을 협의해서 계약을 체결해야 합니다. 제품 출시 후에도 영어의 역할은 계속 이어집니다. 생산, 판매, 영업, 고객 관리 등등 기업 활동의 전 과정에서 세계 시장과 영어는 뗄 수 없는 관계를 맺습니다.

따라서 세계 시장에 진출한 기업 입장에서는 영어를 잘하는 인재들이 많으면 많을수록 좋습니다. 물론 '영어만' 잘하는 직원이 아니라, '영어도' 잘하는 직원을 인재라고 할 수 있겠지요. 이런 인재들을 많이 확보해야 세계 시장에서 활발하게 활동할 수 있고, 많은 이윤을 창출해 세계적인 기업으로 발돋움할 수 있습니다. 그러니 기업이 영어를 잘하는 사원을 우대하는 것은 당연합니다. 중요한 역할을 맡기 때문에 보수도 많고 승진도 빠를 수밖에 없습니다. 대우를 잘 해 주지 않으면 인재들은 회사를 떠납니다. 그들이 맡은 역할을 대신할 인력이 없다면 업무에 공백이 생기는 난감한 상황이 벌어지겠지요. 설상가상 그 경험 많은 인재들이 퇴사 후에 경쟁 회사에 입사한다면 손실은 더 커집니다.

세계 시장을 개척하고 해외 업무를 담당하는 직원들은 공통의 경험을 갖게 됩니다. 그리고 그 경험은 회사의 독특한 노하우(knowhow)로서 후배 직원들에게 계속 전수됩니다. 시간이 지날수록 경험도 더욱 풍부해지고 경쟁력도 강해지는 선순환이 일어나 기업 규모는 점점 커지고 세계 시장 점유율도 높아집니다. 이런 결실을 맺을 수 있는 것은 영어라는 씨앗이 튼

실하기 때문입니다.

그래서 기업의 규모가 클수록, 시장이 큰 상품을 생산하고 판매하는 기업일수록, 그리고 첨단 산업 분야의 기업일수록 구성원들의 영어 소통 능력을 중요하게 여깁니다. 국내 대기업들의 경영자들은 하나같이 영어의 중요성을 강조합니다. "디지털 시대의 인재는 창의력과 스피드를 갖추고, 무엇보다 영어를 잘하는 사람이다." "외국어, 특히 영어 공부는 경쟁에서 살아남는 비결이다." "머지않아 국내 기업에서도 영어가 한국어를 대신해 공식 언어의 역할을 할 것이다." 경영자들은 직원들에게 영어 실력을 갖추도록 요구할 뿐만 아니라, 본인들 스스로도 영어를 열심히 공부합니다. 영어 실력이 기업의 경쟁력이자 개인의 경쟁력이기 때문이지요.

기업 조직의 피라미드에서 위로 올라갈수록 영어는 점점 더 중요해집니다. 사실 국내 주요 기업의 전문 경영인들은 영어 때문에 극도의 스트레스를 받고 있습니다. 경영 능력뿐만 아니라 영어 실력도 필수적인 자질로 갖추어야 하기 때문입니다.

해외 업무를 감독하고 지휘해야 하고, 누구보다 업계의 최신 정보를 가장 많이 알고 있어야 하며, 중요한 협상과 계약의 대표로서 역할을 해야 합니다. 다양하고 복잡한 그들의 업무와 영어 스트레스를 전부 이해할 수는 없지만, 우리는 가끔 TV 뉴스를

흔히 CEO라고 부르는 기업의 최고경영인들은 책임감은 물론 영어의 부담감도 가장 큰 사람들이다. CEO의 자리에 오르기 위해서는 영어 실력도 갖추어야 한다. 〈출처: freeqration.com〉

통해 그 단면을 엿보게 됩니다.

　삼성이나 LG의 스마트폰 신제품 출시 발표회에서 무대에 오르는 것은 개발 분야를 책임지는 전문 경영인입니다. 세계 각국의 TV 방송 카메라 앞에서, 스마트폰 업계 주요 관계자들이 지켜보는 가운데 영어로 프레젠테이션을 진행하지요. 그 경영인들이 긴장과 탄성, 박수 속에서 자사의 신제품을 소개하는 모습을 보면서, 그 짧은 시간을 위해 얼마나 많은 노력을 기울였는지 느낄 수 있습니다.

　마이크로소프트의 빌 게이츠와 애플의 스티브 잡스가 직접 신제품을 발표하며 일으킨 반향이 대단히 컸기 때문에, 정보통신 업계에서 신제품을 발표할 때 개발 책임자가 직접 무대에 오르는 것이 하나의 원칙처럼 인식됩니다. 이제는 어느 회사에서 신제품을 발표한다는 예고가 있으면, 누구나 그 회사의 경영자 얼굴을 보게 되리라 기대합니다. 신제품에 대해 모든 것을 알고 있는, 모든 것을 아는 것이 당연하다 여겨지는 책임자가 설명도 가장 잘 할 수 있기 때문입니다. 또한 회사를 대표하는 사람이 직접 발표함으로써 '이 제품의 성능과 상품성은 자신할 수 있다! 기대해도 좋다!'는 메시지를 전 세계 소비자들에게 전달하는 효과도 있습니다.

　영어 구사력을 중요한 능력으로 여기는 것은 다른 나라의 기업들도 마찬가지입니다. 세계 최대 규모의 온라인 쇼핑몰 중국 알리바바(Alibaba) 그룹의 창립자 마윈 회장, 세계적인 컴퓨터 제조 기업인 중국 레노보(Lenovo)의 양위안칭 회장, 일본을 대표하는 인터넷서비스 제공 기업 라쿠텐(Rakuten) 주식회사의 미키타니 히로시 회장. 이들이 공통적으로 강조하는 것은 영어 공부입니다. 직원들에게 영어 공부를 강력하게 권장할 뿐만 아니라 자신들도 열심히 영어를 공부하고 있습니다. 또한 중국어나 일본어가 아닌, 영어만을 사용하는 사업 분야를 계속 확장하고 있습니다. 영어가 기업의 이윤을 늘리는 중요한 도구이기 때문이지요.

　영어가 비즈니스 관계의 언어에서 기업의 공식 언어로 확장되는 것은 세계적인 추세입니다. 그만큼 세계 시장에서 영어가 중요한 언어가 되었고, 영어 실력을 갖춘 사람들에게는 잘 먹고살 수 있는 기회가 계속 확장되고 있다는 의미입니다. 무수히 많은 취업의 문 앞에 '영어'라는 조건이 붙어 있습니다. 영어를 잘하면 국내기업은 물론 해외 각국의 주요 기업들에 더 쉽게 취업할 수 있고, 더 나은 대우를 받으며 중요한 역할을 맡을 수 있습니다. 반대로, 영어 실력을 갖추지 못하면 취업의 문은 좁아질 수밖에 없습니다. 이것이 현실이며, 미래의 모습이기도 합니다.

우리 사장님께 영어의 축복이 함께 하길!

　자신이 창업을 해서 소규모 회사를 운영할 때도 영어가 필요합니다. 제조업, 유통업, 서비스업, 그 어떤 분야에서 사업을 하든지 경쟁은 피할 수 없습니다. 그 경쟁에서 생존하고 성장하려면 최신 정보를 알아야 하고 가능한 한 넓은 시장에 뛰어들어야 합니다. 인터넷 판매 사이트도 영어 버전이 있어야 해외의 소비자들이 주문해서 구매할 수 있습니다. 영어를 읽고 쓸 줄 알아야 세계인들을 대상으로 SNS를 통해 마케팅을 할 수 있고 자기 '물건'에 대한 해외 소비자들의 반응도 파악할 수 있습니다.

　2018년부터 우리나라의 전통 농업기구인 호미가 미국에서 대박 상품이 되었습니다. 거대 인터넷 쇼핑몰인 아마존(Amazon), 이베이(eBay) 등에서 '혁신적인 원예용품'이란 찬사를 들으며 연간 수천 개씩 팔려 나가고 있지요. 국내 판매가는 6천 원 정도인데, 해외에서는 2만 원 안팎의 가격에 팔리고 있습니다. 미국에서 'Youngju Daejanggan Homi'로 불리는 이 히트상품을 제조하는 곳은 경북 영주의 작은 대장간입니다. 그 누구도, 아주 먼 옛날부터 우리 민족이 대대로 사용하던 농기구가 21세기에 세계적인 상품이 되리라고는 상상도 못했을 것입니다.

우리의 전통 농업기구인 호미. 누가 상상했겠는가? 영주의 대장간에서 생산되는 호미가 미국 시장에서 '혁신적인 도구'로 평가받으며 대박 상품이 될 줄이야!

그런데 이 놀라운 사례에서도 우리는 영어의 가치를 다시 한 번 느끼게 됩니다. 처음 아마존에 호미를 팔아 보자고 제안한 사람은 대장간 장인의 지인이었습니다. 미국의 최대 인터넷 쇼핑몰과 접촉하고 협상을 하고 거래를 하려면 당연히 영어로 소통해야 합니다. 호미를 만드는 대장간과 미국 소비자 사이에서 다리를 놓아 관계를 맺게 하는 역할, 그 역할을 영어를 활용할 수 있는 능력을 갖춘 사람이 했던 것이지요.

또한 경제적인 관점에서만 보면, 만약 이 대장간이 어느 정도의 규모를 갖춘 제조업체였고 영어를 구사하는 직원이 있었다면 아마도 지금보다 더 많은 호미를 수출해서 회사가 급성장할 수도 있었을 것입니다. 미국의 인터넷 쇼핑몰 업체들과 직접 거래 관계를 맺을 수도 있고, 소비자의 반응을 실시간으로 파악해서 신상품을 개발하는 데에 활용할 수도 있었겠지요. 또한 그 대장간만이 보유한 호미 제작 기술을 파악해서 기술 특허를 낸다면 더 큰 가치를 창출할 수도 있었을 것입니다.

행운은 예고 없이 찾아옵니다. 그 행운을 받을 준비가 되어 있어야 기회를 잡을 수 있습니다. 영주 대장간의 장인은 수십 년 한길을 걸으며 호미 제작의 달인이 되었기에 기회를 잡을 수 있었지요. 그리고 현실적인 가정은 아니지만, 호미 제작 기술에 영어가 더해졌다면 더 큰 행운이 찾아왔겠지요. 분명 자기 분야에서 전문성을 확보하고 영어를 공부해서 의사소통 능력을 갖추는 것은 기회를 얻기 위해 꼭 필요한 준비 과정입니다.

음식점이나 작은 상점을 운영하는 자영업자에게도 영어가 행운을 가져다 줄 수 있습니다. 제가 가끔 가는 고기집의 예를 들어 보겠습니다. 이 식당은 주변에 대형 쇼핑몰들이 있어서 외국인 관광객들이 많이 왕래하는 곳에 자리하고 있는데, 흔히 말하는 유명 '맛집'도 아니고 규모도 크지 않습니다. 평소에는 저녁 시간에도 손님이 서너 테이블 차지하는 정도인데, 오랜만에 가서 보니 외국인 손님들이 제법 많이 있었습니다. 제가 "외국인 손님이 많네요. 혹시 관광사와 제휴하셨어요?"라고 묻자 사장은 씩 웃으며 이런 얘기를 들려주었습니다.

"사나흘에 한두 번 주로 동남아 관광객들이 고기를 먹으러 왔는데, 음식에 대해 영어로 물을 때가 많았어요. 처음에는 beef, pork, delicious 같은, 학교에서 배운 몇 단어만으로 대충 설명했는데, 저도 답답하고 손님도 답답했지요. 손님에게 자기가 파는 음식에 대해 설명하지 못하는 건 좀 문제가 있다는 생각이 들었습니다. 그래서 틈틈이 인터넷도 찾고 요리를 소개하는 영어책도 사서 읽고, 무역업을 하는 친구에게도 귀찮게 물어보면서 영어 공부를 좀 했습니다. 우선 영어 설명을 넣어서 메뉴판을 새로 만들었어요. 그리고 처음엔 어색했지만 외국인 손님이 오면 제가 먼저 영어로 말을 걸기 시작했어요. 간단한 영어로 주문도 받고 음식 설명도 해 주다 보니 마치 노래 가사처럼 점점 영어가 익숙해졌지요. 식당에서 쓰는 영어가 그리 복잡하지는 않잖아요. 그런데 어느 날부터 동남아 손님들의 수가 부쩍 늘었어요. 요즘 SNS가 무섭잖아요. 외국 손님들도 음식 사진을 찍고 평가도 하면서 자기 SNS에 올리죠. 그래서 소문이 퍼진 거 같아요. 친절하고 맛있는 집이라고. 그 덕분에 요즘 매출이 한 30% 늘었어요."

서울 마포구 서교동. 외국인 관광객들이 많이 찾는 홍대 근처라서 호텔과 게스트하우스들이 참 많습니다. 그리고 여느 동네와 마찬가지로 고만고만한 크기의 편의점들이 골목마다 늘어서 있습니다. 어딜 가나 편의점은 경쟁이 참 치열합니다. '나눠 먹기'식으로 생존하는 경우가 많지요. 그런데 이 동네에서 유독 한 편의점에 외국인 손님들이 몰립니다. 그곳 사장이 밝힌 비결은 간단했습니다.

"저도 처음에는 몰랐는데, 우연히 아르바이트 직원으로 뽑은 한 학생이 영어를 참 잘했어요. 붙임성도 좋았고요. 그 학생이 일한 후로 점점 외국인 손님들이 많아지더군요. 편의점 상품이란 게 참 종류가 많은데 포장지에는 거의 다 한글만 적혀 있으니 외국인들은 원하는 상품을 고르기 힘들죠. 그런데 이 학생이 외국 손님들을 위해 친절하게 물건도 직접 찾아 주고, 길 안내까지 해 줬어요. 덕분에 인터넷에 우리 가게와 그 아르바이트 학생의 사진이 올라오기도 했어요. 심지어 이 동네 게스트하우스 주인들도 자기 손님들에게 우리 편의점을 알려 준다고 해요. 그 학생은 이제 그만두었지만, 그 후로 저는 아르바이트 직원을 구할 때 항상 영어를 잘하는 학생을 뽑아요. 시급을 더 많이 주더라도 전혀 아깝지 않지요."

매년 약 1,500~1,800만 명의 외국인 관광객들이 우리나라를 방문합니다. 이 많은 수의 관광객들이 자영업자들에게는 잠재적인 고객이 됩니다. 이들이 유명 관광지를 방문하고, 음식을 먹고, 잠을 자고, 물건을 사면서 쓰는 돈이 1년에 약 150억 달러[18조 원]에 달합니다. 한국은 세계 관광 시장 안에 있고, 지구촌 안에 있습니다. 그 시장을 찾는 외국인들, 지구촌 사람들은 모두 국내 자영업자들의 고객이며, 영어가 더 많은 고객을 끌어들여 부를 가져다주는 도구임은 분명합니다.

서울의 명동 거리. 외국인 관광객들의 지갑을 열기 위해 상점마다 영어, 중국어, 일본어 등을 구사하는 직원들을 배치해 놓고 있다. 〈출처: freeqration.com〉

꿈 + 영어 = 내가 하고 싶은 일을 하면서 행복하게 살 테야!

영어를 사용하지 않아도 먹고살 수는 있습니다. 그러나 '어떻게, 얼마나 풍족하게, 얼마나 행복하게' 먹고사는가의 문제와 연결되면, 영어와 관련이 없는 직업은 이제 존재하지 않습니다. 작은 우물에서 벗어나 넓은 세상으로 나아가려면 영어의 힘을 내 장점으로 만들어야 합니다. 직업의 기본은 인간 사회에서의 소통이며 역할입니다. 점점 작아지는 세상, 국적 구분 없이 점점 긴밀해지는 인간관계 속에서 소통과 역할을 제대로 하려면 우선 가장 많은 사람들이 사용하는 언어에 익숙해져야 합니다.

외교관이 되거나 UN을 비롯한 국제기구에서 일하고자 한다면 국제 외교의 공식 언어인 영어에 능통해야 합니다. 첨단 IT 분야에서 활동하려면 그 분야의 선진국들이 공통으로 사용하는 영어를 알아야 합니다. 의사가 되려면 영어 원서를 읽을 수 있어야 하고 진료기록을 영어로 작성할 수 있어야 하며 외국인 환자와 대화할 수 있어야 합니다. 영어 교사가 되려면 영어 모델로서 학생들의 대화 상대가 될 수 있어야 하고 궁금증을 해결해 줄 수 있어야 합니다. 외국인 관광객들을 상대로 여행 가이드를 하려면 주요 관광지들을 영어로 설명하고 질문을 듣고 답할 수 있어야 합니다.

세계적인 스포츠맨이 되고 싶다면 운동뿐만 아니라 영어도 틈틈이 공부해야 합니다. 골프 선수로 미국 PGA에서 활동하려면 영어로 소통해야 하고, 축구선수로 유럽 리그에 진출해 성공하려면 세계 각국에서 모여든 다른 선수들은 물론, 감독, 심판, 팬들과도 영어로 소통할 수 있어야 합니다. 세계적인 유튜버(Youtuber)가 되는 꿈을 갖고 있다면 컨텐츠를 영어로

여러분이 꿈꾸는 직업과 영어의 관계. 그 관계가 인생의 행복을 좌우할 수 있다. hate와 love의 차이, 분명 영어는 그 차이를 만드는 중요한 요소이다. 〈출처: slon.pics〉

가공하는 능력을 갖춰야 합니다. 그래야 구독자 수를 10배, 100배 늘릴 수 있습니다. 연예인도 예외가 아닙니다. 배우로서 할리우드에 진출하고 싶다면 영어로 연기할 수 있어야 하고 영화나 방송 스태프들과 영어로 소통할 수 있어야 합니다. 방탄소년단처럼 세계적인 아이돌 가수가 되고 싶다면 최소한 영어 인터뷰 정도는 할 수 있어야 하고, 전 세계 팬들의 환호에 영어로 응대할 수 있어야 합니다.

여러분은 어떤 꿈을 갖고 있나요? 어떤 일을 하며, 어떤 역할을 하며, 어떤 평가와 대우를 받으며 살고 싶은가요? 그 꿈을 이루기 위한 노력에 영어 공부를 더하십시오. 영어 실력이 늘수록 꿈이 현실이 될 가능성이 커집니다. 직업 선택의 폭이 넓어집니다. 국내기업에 취업하기도 유리하고 외국 회사에 취업할 기회도 얻을 수 있습니다. 창업을 해서 세계 시장을 무대로 활발하게 사업을 펼칠 수도 있습니다. 외국에서 새로운 작물을 들여와 부농이 될 수도 있고, 유명 연예인, 스포츠맨, 인터넷 스타가 될 수도 있습니다.

　행운과 기회도 더 많이 찾아옵니다. 실패와 좌절을 극복할 힘도 강해집니다. 직업을 바꾸거나, 심지어 한반도를 떠나 삶의 터전을 옮겨야 할 순간에도 여러분의 영어 실력은 중요한 역할을 할 것입니다. 선택의 여지없이 하고 싶지 않은 일을 해야만 하는 삶이 아니라, 만족과 행복을 느끼며 좋아하는 일을 하는 삶. 영어를 통해 공간과 시간을 확장하면 그런 삶에 더 가까워질 수 있습니다.

Why should I Learn English?

08

영어로 품는 세상의 모든 문화

두 개의 언어, 두 개의 영혼
English is Cool!
영어로 직접 만나는 세상의 모든 문화
영어로 자랑하는 우리 문화
문화강국의 국민은 포용과 배려가 다르다!

두 개의 언어, 두 개의 영혼

"두 개의 언어를 안다는 것은 두 개의 영혼을 소유하는 것과 같다."

프랑크 왕국의 샤를마뉴(Charlemagne, 742~814년)가 한 말입니다. 샤를마뉴는 앞에서 링구아 프랑카를 설명할 때 등장했던 바로 그 프랑크 왕국의 두 번째 왕으로, 샤를 1세나 카롤루스 대제라고 부르기도 합니다. 샤를마뉴는 끊임없는 정복활동으로 영토를 확장했고, 기독교의 전파와 학문, 예술의 발전에 크게 기여했습니다. 왕국 곳곳에 학교를 세워 백성들의 교육 수준을 높였으며, 유럽 각지의 유명한 학자들을 초대해 발달된 학문과 문물을 받아들였습니다. 또한 그 자신도 지적 호기심과 학구열이 왕성해서 다양한 분야의 학문을 공부했는데, 특히 매일 밤 석판에 글씨를 쓰면서 라틴어를 익힌 것으로 유명합니다.

1,200여 년 전에 살았던 샤를마뉴는 왜, 무슨 의미로

프랑크 왕국의 두 번째 왕인 샤를마뉴 대제의 초상화. 아마도 라틴어를 공부하면서 언어와 정신의 관계를 깨달았을 것이다.

8장 _ 영어로 품는 세상의 모든 문화 ··· 165

그런 말을 했을까요? 두 개의 언어를 알면 두 개의 영혼을 갖게 된다! 여기서 영혼은 '구원 받은 순결한 영혼'이나 '구천을 떠도는 한 많은 영혼' 같은 말에서 쓰는 종교적, 주술적, 초현실적인 의미가 아니라, 인간이 태어나서부터 현재 시점까지 사회 안에서 살면서 모방과 학습, 경험을 통해 머릿속에 축적한 모든 것, 즉 '정신'을 의미합니다. 그 정신에서 인간의 모든 말과 행동이 나오고, 말과 행동이 모여서 문화가 형성됩니다.

문화는 인간 정신의 산물인 언어, 학문, 기술, 예술, 제도, 관습, 전통, 도덕, 종교, 역사 등을 모두 포함하는 개념이지요. 문화를 표현하고 전달하는 가장 중요한 매개가 바로 언어이며, 또한 언어는 문화의 일부분이기도 합니다. 아주 오랫동안 사람들은 자신들의 고유한 문화를 언어로 표현해 왔기 때문에, 지금 쓰는 언어에 문화가 깊이 물들어 있습니다.

우리말을 예로 들어 볼까요? 우리말에는 독특한 어법인 존대법이 있습니다. 존대법은 윗사람이나 낯선 사람에게 존중을 표현하는 방식으로, 삼국시대부터 우리 민족의 삶에 뿌리내린 유교의 예절과 전통이 반영된 것입니다. 친구에게는 "오랜만이야!"라고 하지만 어른에게는 "오랜만에 뵙겠습니다!"라고 말하지요. 인사말에도 문화가 반영됩니다. 다른 언어에서는 찾아볼 수 없는 "식사하셨어요?" 같은 인사말은 궁핍했던 선조들의 삶을 짐작케 합니다.

속담은 언어가 문화를 담고 있음을 보여 주는 대표적인 표현법입니다. 속담에는 고유한 사고방식, 생활양식, 도덕관, 풍습 등이 들어 있지요. "말 한마디로 천 냥 빚을 갚는다."는 속담에서는 말을 하는 방법과 태도를 중요하게 생각하는 가치관이 드러나고, "모난 돌이 정 맞는다."는 속담에서는 다수의 결정에 따르면서 화를 자초하지 않으려는 태도와 개성을 억누르는 사회 분위기를 느낄 수 있습니다. "우물에서 숭늉 찾는다."는 말에서는 우물을 상수원으로 사용했다는 것과 밥물을 끓여 음료로 마신다는 사실을 알 수 있으며, "암탉이 울면 집안이 망한다."는 속담에서는 열악했던 여성의 사회적 지위와 성적 불평등의 악습을 느낄 수 있습니다.

언어와 문화의 관계에 예외는 없습니다. 언어에는 문화가 담겨 있고, 문화는 언어로 표현됩니다. 따라서 외국어를 공부하면 그 언어를 모국어로 사용하는 사회의 문화와 친숙해지고, 결국 그 언어를 사용하는 사람들의 정신까지 자기 것으로 흡수할 수 있는 것입니다. 아마도 샤를마뉴는 라틴어를 열심히 공부했기 때문에 그 과정에서 고대 로마제국을 모태로 하는 라틴 문화와 라틴어를 사용하는 사람들의 사고방식에 대해서도 많이 알게 되었을 것입니다.

중국어를 공부하면 중국 문화를 접하게 되고, 일본어를 공부하면 일본 문화에 익숙해지는 것이 당연합니다. 영어를 공부하면 영어권 사회의 문화도 함께 공부하게 됩니다. 여러분이 학교에서 배우는 영어 교과서의 내용 중 상당 부분이 영어권 사회의 문화나 역사에 관한 것입니다. 영어와 영어권 문화를 함께 공부해야 더 빠르고 재미있게 학습할 수 있기 때문에 교과서를 그렇게 구성한 것입니다. '꿩 먹고 알 먹는' 식이지요.

짧은 영문 하나를 예로 들어보겠습니다. 추수감사절에 관한 내용입니다.

Thanksgiving Day

In the United States, the fourth Thursday in November is Thanksgiving. It is a very important national holiday. People get together with their families to give thanks for the good things they have had. Many people travel by plane or car to spend the holiday with their families and friends. On Thanksgiving Day, Americans have a special dinner. They eat roasted turkey, stuffing, mashed potatoes, gravy, and cranberries. And they have pumpkin pie or pecan pie for dessert.

Thanksgiving started about 400 years ago with the Pilgrims. The Pilgrims were 102 people who sailed across the Atlantic Ocean from England to the United States on a ship, the Mayflower, in 1620. They came for religious freedom and new lives. On the new land, they

미국의 첫 번째 추수감사절을 상상해서 그린 미국 화가 장 레옹 제롬 페리(Jean Leon Gerome Ferris)의 작품.

suffered a lot. During the first winter, many of them died because of hunger and cold. Then the Native Americans, the Indians, helped the Pilgrims. They taught the European people to plant corn and build houses. In the fall of 1621, the Pilgrims and the Indians had the first Thanksgiving together. The Pilgrims wanted to give thanks for their new land, new friends, and their God. That was the start of Thanksgiving.

추수감사절

미국에서 11월 네 번째 목요일은 추수감사절이다. 추수감사절은 굉장히 중요한 국경일이다. 사람들은 가족과 모여서 그들이 누려 온 좋은 일들에 대해 감사한다. 많은 사람들이 비행기나 자동차로 이동해서 가족과 친구들과 명절을 함께 보낸다. 추수감사절에 미국인들은 특별한 저녁 식사를 한다. 구운 칠면조, 칠면조 속을 채운 음식, 으깬 감자, 그레이비, 크랜베리를 먹는다. 또한 후식으로 호박 파이나 피칸 파이를 먹는다.

추수감사절은 약 400년 전 청교도 순례자들과 함께 시작되었다. 청교도 순례자들은 1620년 메이플라워호란 배를 타고 대서양을 건너 영국에서 미국으로 온 102명의 사람들이었다. 그들은 종교의 자유와 새로운 삶을 위해서 왔다. 새로운 땅에서 그들은 고생을 많이 했다. 처음 맞은 겨울 동안 그들 중 많은 수가 굶주림과 추위로 사망했다. 그러다 원주민인 인디언들이 청교도들을 도와주었다. 인디언들은 그 유럽인들에게 옥수수 심는 법과 집짓는 법을 가르쳐 주었다. 1621년 가을, 청교도들과 인디언들은 첫번째 추수감사절을 함께 했다. 청교도 순례자들은 새로운 땅, 새로운 친구들, 그리고 그들의 신에 대해 감사를 표하고자 했다. 그것이 추수감사절의 시작이었다.

이 글을 읽으며 여러분은 영어를 공부합니다. 단어와 표현법, 문장구조를 익히며 독해 능력을 키우지요. 그러면서 미국인들의 중요한 명절인 추수감사절의 전통과 유래에 대해 배웁니다. 우리의 명절인 추석과 비교하며 문화의 차이를 느끼기도 하지요. 또한 미국 초기 이주민의 삶도 엿보게 되며, 청교도, 영국의 종교 탄압과 관련된 역사에도 관심을 갖게 됩니다. 영어 공부가 문화와 역사의 이해로 이어지고, 그로 인해 지식이 확장되어 여러분이 성장하게 되는 것입니다.

English is Cool!

앞에서 여러 번 강조했듯이, 현재 영어는 아주 강력한 언어입니다. 수백 년간 세계를 호령해 온 영국과 미국의 지배력이 영어의 영향력을 키워 왔습니다. 언어의 힘이 강하기 때문에 영어권 사회의 문화 역시 강력한 힘을 발휘하게 된 것이지요.

인터넷 상에서 가장 많이 사용되는 언어가 영어이기 때문에 각종 지식이 담긴 정보와 자료가 가장 많습니다. 세계 각국의 주요 도서들은 대부분 영어로 번역되어 출간됩니다. 그래서 영어를 읽고 이해할 수 있으면 러시아어, 프랑스어, 독일어를 몰라도 각국의 중요한 도서들을 영어 번역본으로 접할 수 있습니다. 또한 영어는 세계 과학의 언어이기도 합니다. 세계

학술지에 발표되는 논문과 연구 보고서의 90% 이상이 영어로 작성됩니다. 실제로 미국 과학정보협회(Institute for Scientific Information)가 운영하는 과학논문인용지수(Scientific Citation Index)에 따르면, 전 세계 과학 논문과 보고서의 95%가 영어로 작성되어 발표되고 있습니다. 국내에서 발표되는 석박사 학위 논문에는 내용을 요약한 '초록(抄錄, abstract)'이 앞에 들어가는데, 그 옆에 반드시 초록의 영어 번역문이 붙어야 합니다. 영어가 세계 학문의 주요 언어임을 부인할 수 없습니다.

그런데 20세기 후반부터 전 세계에 문화적으로 가장 심대한 영향을 미친 것은 미국의 대중문화입니다. 제2차 세계대전 이후 공산권 국가들을 제외하고 거의 모든 지역에 미국 대중문화가 홍수처럼 흘러들었습니다. 강한 힘, 풍요로움, 자유로움의 토양에서 생산된 미국의 대중문화는 다른 문화권 사람들에게 선망과 탐닉의 대상이었습니다. 미국에서 건너온 영화, 연극, 팝송, 소설 등을 소비하기 위해 아낌없이 지갑을 열었고, 돈이 없으면 불법으로 복제를 해서라도 욕망을 채워야 했습니다.

우리나라에서도 여러분의 할아버지 세대부터 이미 미국의 대중문화에 젖기 시작했습니다. 〈카사블랑카(Casablanca)〉, 〈바람과 함께 사라지다(Gone with the Wind)〉, 〈벤허(Ben-Hur)〉 같은 영화에 매료되었고, 엘비스 프레슬리(Elvis Presley), 비틀즈(The Beatles), 브라더스 포(The Brothers Four)가 부르는 노래를 흥얼거렸습니다. 부모님 세대에게는 미국 문화를 소비하는 것이 거의 일상이 되었습니다. 1980년대에 〈ET〉, 〈람보(Rambo)〉, 〈백투더퓨처(Back to the Future)〉 같은 할리우드 영화를 일찍 보기 위해 극장 앞에서 장사진을 쳤고, 엄마를 졸라 어렵게 사서 신은 나이키 운동화의 밑창이 다 닳도록 마이클 잭슨(Michael Jackson)의 문워크

로큰롤(Rock'n Roll)의 황제로 불리며 1950~60대를 풍미한 세계적인 팝송가수, 엘비스 프레슬리.

1942년에 개봉된 할리우드 영화 〈카사블랑카〉의 포스터. 당대 최고의 배우인 험프리 보가트(Humphrey Bogart)와 잉그리드 버그만(Ingrid Bergman)이 남녀 주연을 맡았다.

(Moon Walk) 춤을 흉내 내기도 했습니다.

 이런 현상은 비단 우리나라에만 국한된 것이 아니라, 전 세계적인 현상이었습니다. 원래 미국의 작업복이었던 청바지는 청춘을 상징하는 유니폼 바지가 되었고, 커피는 식후에 꼭 마셔야 하는 성인들의 필수 음료로 일상에 자리 잡았으며, 중독된 듯이 전 세계인이 마셔댄 덕에 코카콜라는 1년에 수천 억 병씩 팔려 나갔습니다. 할리우드 블록버스터 영화를 보지 않으면 친구들과의 대화에 낄 수 없었고, 미국의 유명 영화배우들과 팝송 가수들은 젊은이들이 흠모하는 '연인' 역할도 겸하게 되었습니다.

 그리고 이런 문화적 영향력은 영어의 이미지까지 바꿔 놓았습니다. 영어는 그냥 하나의 외국어가 아니라, 나의 정체성과 삶을 바꿀 수 있는 언어, 미칠 듯이 소유하고 싶은 매력적인 언어, 심지어 허영심까지도 충족시킬 수 있는 언어로 변모했습니다. 이제 부인할 수 없는, 영어에 대한 공통된 이미지가 사람들의 의식과 무의식 속에 자리하고 있습니다.

1886년 미국에서 건강음료로 개발된 콜라는 이미 오랜 전에 세계인들의 입맛을 사로잡은 청량음료가 되었다. 항상 통계가 다르지만, 코카콜라는 하루에 약 10억 병이 팔린다고 알려져 있다.

English is cool!

영어는 멋있다! 영어가 멋있다고 느끼기 때문에 자기가 생산하는 상품에 영어 이름을 붙이고, 자신의 회사와 상점 이름을 영어로 표현합니다. 소비자도 영어가 멋있다고 생각하기 때문에 영어로 표현된 이미지를 사기 위해 돈을 지불합니다. 출판사 이름을 '황금방울새'나 '오색방울새'로 지을 수도 있을 텐데, 굳이 영어를 써서 '골드핀치(Goldfinch)'라고 짓고서 폼을 잡는 것도 영어가 멋지다고 느끼기 때문입니다.

이 책의 출판사인 골드핀치의 로고와 상호. 왜 Goldfinch라고 영어 이름을 지었을까?

아이돌 가수들의 노래에 영어 단어나 문장을 넣는 것은 이미 오래된 트렌드입니다. 아이돌 밴드의 이름도 영어고, 노래 제목도 영어로 짓습니다. 방탄소년단은 전 세계에서 BTS란 이름으로 활동하고, 그들의 팬클럽 이름은 '아미(Army)'입니다. 미국 빌보드 앨범 차트에서 상위권에 오른 BTS의 노래들은 대부분 영어 제목을 달고 있고, 노래 가사에는 영어 문장이 많이 들어 있습니다. 기획사 사장이나 멤버들이 특별히 영어를 아주 잘해서 그런 것이 아닙니다. 전 세계에 퍼져 있는 팬들에게 가능한 한 많은 사랑을 받기 위해 전략적으로 영어를 활용하는 것이죠. 아마도 이름과 노래 제목, 가사가 모두 한국어로만 되어 있었다면, 그처럼 전 세계인들의 사랑을 받기는 힘들었을 겁니다.

대중가요에 영어 단어나 문장을 넣어서 가사를 짓는 것은 비단 우리나라만의 트렌드는 아닙니다. 세계인들은 영어로 표현되는 문화를 소비할 뿐만 아니라, 영어로 자신들의 문화를 생산합니다. 가능한 한 더 많은 외국인들이 자신들의 문화를 이해하고 소비할 수 있도록, 링구아 프랑카인 영어로 표현하는 것입니다.

영어로 직접 만나는 세상의 모든 문화

사실 제가 영어를 공부하는 이유 중 1순위로 꼽고 싶은 것은 '세계의 문화를 쉽게 접할 수 있다!'입니다. 영어라는 언어 자체도 재미있고, 영어로 받아들이는 세계 각국의 문화도 무척 재미있습니다. 세계인들은 영어로 자신들의 문화를 알리고 싶어 합니다. 문화에 대한 책을 영어로 출간하기도 하고, 인터넷에 사진과 더불어 영어 글을 올리기도 하며, 유튜브에 동영상을 올려서 자신들의 문화를 소개합니다. 영어가 아닌 자국어로 말하더라도, 최소한 영어 자막을 넣어 전 세계 시청자들의 이해를 돕고자 하지요. 각양각색의 흥미로운 세계 문화를 쉽고 빠르게 이해하는 것! 그것이 영어 공부의 가장 큰 결실 중 하나입니다.

물론 한국어로 받아들일 수도 있습니다. 많은 사람들이 그렇게 외국의 문화를 접하지요. 할리우드 영화를 감상할 때도 화면과 한글 자막을 동시에 보고, 영어권 국가에서 출간된 책도 한글로 옮겨진 번역본을 읽습니다. 그런데 번역가나 통역가가 영어를 한국어로 옮기는 과정에서 크고 작은 문제들이 발생합니다. 영미권 베스트셀러 소설을 잘못 번역하거나 수백만 명의 영화팬들이 기대하는 블록버스터 영화 대사를 불완전하게 자막으로 옮

최선을 다해 번역을 잘 하면 가뭄에 콩 나듯 칭찬을 받기도 하지만, 대개의 경우 비판을 받는 것이 번역가의 숙명이다. 100% 완벽한 번역은 존재하지 않는다. 인식은 주관적이기 때문에.

졌다가 번역가들이 지탄을 받는 상황이 가끔 생기지요.

　번역 일을 오랫동안 해 왔지만 저 역시 책을 번역한 후에는 항상 아쉬움이 남습니다. '시간 여유가 있었다면 더 꼼꼼하게 번역할 수 있었을 텐데! 그 부분은 원어민에게 물어 봤어야 했는데!' 그런데 사실 번역과 통역에 '100% 완벽'이란 존재하지 않습니다. 언어와 개념이 완벽하게 일치하지는 않기 때문입니다. 영어와 한국어 사이에서 완전한 일대일 대응은 기대할 수 없습니다. 관념의 차이, 문화의 차이도 번역을 어렵게 합니다. 영어와 한국어뿐만 아니라 다른 언어들도 다 마찬가지입니다. 사실상 번역에는 원초적인 한계가 존재하는 셈입니다.

　쉬운 단어를 예로 들어 보겠습니다. uncle과 aunt. 영어에서는 삼촌, 외삼촌, 고모부, 이모부, 당숙 모두 그냥 uncle이고, 고모, 이모, 숙모, 외숙모, 당숙모 모두 그냥 aunt입니다. 영어권 사회에서 촌수는 중요하지 않기 때문에 따로 구분하는 단어 자체가 없는 겁니다. 그런데 이 쉬운 단어가 튀어나오면 번역가의 등줄기로 식은땀이 흐릅니다. 그냥 '엉클'이나 '앤트'로 번역할 수도 없고, '아저씨'나 '아줌마'로 번역할 수도 없습니다. 구체적인 호칭이 필요합니다. 그래서 '관계'를 파악하기 위해 책을 끝까지 다시 읽어 보지만 미궁에 빠지는 경우도 허다하지요. 그러면 대개 등장인물들의 말투나 친근성을 근거로 관계를 추정해서 번역가가 그냥 하나를 정해 쓰는 수밖에 없습니다. 맞거나 말거나.

　번역을 통한 이해는 사실상 간접적인 이해라고 할 수 있습니다. 책을 예로 들면 '미국 저자의 뇌 → 영어 글 → 한국 번역가의 뇌 → 한글 번역글 → 독자의 뇌'의 단계를 거치게 됩니다. 저자의 생각을 독자가 직접 이해하는 것이 아니라, 번역가의 머리라는 '필터'에 걸러지고 한국어로 가공된 내용을 받아들이게 되는 거죠. 앞에서 얘기한 언어의 차이와 번역의 한계로 인해 번역본을 읽으면 완전한 이해가 불가능합니다. 반면에 영어를 스스로 읽고 이해한다면 번역에 의존할 필요가 없이 직접 저자와 만나게 됩니다. '저자의 생각 → 영어 글 → 독자의 이해'로 단계가 축소되지요.

영어에 능숙해질수록 영어로 표현된 문화를 더 빠르고 정확하게 받아들일 수 있습니다. 또한 영어를 공부하면서 더 많은 재미를 느낄 수도 있습니다. 몇 가지 표현을 예로 들어 보겠습니다.

정말 많은 일을 하는 우리의 신체 일부인 손가락, finger! 요즘엔 유치원생도 알고 있는 쉬운 단어죠. 이 finger로 여러 가지 재미있는 동작과 상황을 표현할 수 있습니다. 만사가 귀찮아서 움직이기 싫어하는 사람에게 흔히 "손가락 하나 까딱하지 않는다"고 말하는데, 이 표현이 영어로 not lift(raise) a finger입니다.

* My husband never helps me. Actually he doesn't lift a finger at home.(우리 남편은 날 도와주는 법이 없어. 진짜 집에서는 손가락 하나 까딱하지 않는다니까.)

엄마가 자주 하는 푸념인데, 이 말을 들은 엄마 친구는 이렇게 농담을 할 수도 있습니다.

* I'll keep my fingers crossed for you that your husband would grow up soon.(널 위해 기원할게. 네 남편이 빨리 철이 들기를.)

keep(have) one's fingers crossed는 사진에서처럼 손가락 두 개를 겹쳐서 십자가 모양으로 만드는 제스처를 표현한 것으로, "기원하다, 희망하다(hope)"를 뜻합니다.

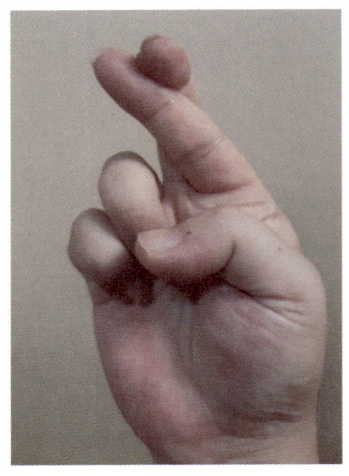

keep one's fingers crossed. 검지와 중지를 교차해서 십자가 모양을 만드는 일종의 body language다. 너무 자주 하면 손가락 관절염에 걸리기 십상이다.

엄마의 잔소리에 시달리는 아빠는 친구에게 엄지손가락 thumb을 활용해서 이런 변명을 늘어놓을지도 모릅니다.

* I'm all thumbs when it comes to doing household chores.(집안일에 관한 한 나는 '젬병'이야.)

be all thumbs는 "무척 서툴다, 제대로 못하다"를 뜻하는 표현입니다. 열 손가락 모두 엄지손가락처럼 생기면 물건을 집을 수가 없듯이, 몸과 마음이 '모두 엄지손가락' 같다면 무슨 일이든 제대로 할 수가 없겠지요.

손가락을 움직여서 하지 말아야 할 것 중 하나가 총을 쏘는 일일 겁니다. 미국인들은 총기 소유가 자유로워서 총에 익숙하고, 또 그런 만큼 총과 관련된 표현도 많습니다. "방아쇠를 당기다"는 영어로 pull the trigger인데, 어떤 일을 "시작하다, 먼저 촉발하다"란 의미로도 씁니다.

* We have no time. Let's just pull the trigger and see what's happening.(시간 없어. 우선 시작하고 나서 어떻게 되는지 보자고.)

서부개척시대부터 지금까지 총기는 미국인들에게 아주 익숙한 물건이다. 그래서 총과 관련된 영어 표현도 다양하다.

방아쇠를 당기면 총알이 발사되고 총구에서 화약 연기가 모락모락 나는데, 이 상태를 smoking gun으로 표현합니다. 누군가 총구에서 연기가 나는 총을 잡고 있다면, 그건 그 사람이 총을 쐈다는 증거가 되지요. 그래서 smoking gun은 범죄 같은 나쁜 일에서 부정할 수 없는 "확실한 증거[물증]"을 뜻하는 말로 씁니다.

* The police believed that he was the murderer, but couldn't find any smoking guns.(경찰은 그가 살인범이라고 믿었지만, 결정적인 증거를 전혀 찾지 못했다.)

영어를 공부하다 보면 우리와 영어 원어민들의 생각과 표현을 비교할 수 있고, 점점 그들의 문화에도 익숙해집니다. 물론 새로운 표현을 접하면 항상 처음에는 낯설고 어렵게 느껴질 수 있습니다. 그러나 꾸준히 공부하면서 자기 수준에 맞는 흥미로운 문화 컨텐츠를 접하다 보면, 눈과 귀에 들어와 뇌를 자극하는 영어가 많아집니다.

짧은 문장과 풍부한 그림으로 구성된 영어 책을 많이 읽고, 영어 노래를 들으며 따라 부르고, 흥미로운 캐릭터들이 등장하는 만화 영화도 보면서 한 번씩 웃어 보는 것. 그런 활동이 모두 영어 공부이고, 영어를 직접 이해하기 시작하며 문화를 즐기는 과정입니다. 그리고 그 과정에서 영어권 문화에 대한 이해의 폭이 넓어지고 영어 실력도 점차 향상되지요.

영어로 자랑하는 우리 문화

문화와 관련해서 영어를 잘하면 좋은 점이 또 하나 있습니다. '우리 문화를 지구촌 곳곳에 널리 알리고 자랑할 수 있다!' 우리에게는 오천 년의 역사 속에서 일궈 온 고유의 문화가 있습니다. 독특하고 다채로운 우리 문화의 면면을 영어로 표현해서 전 세계인들에게 소개할 수 있는 것. 그것이 영어 공부의 또 다른 이점입니다.

대한민국은 경제 규모 세계 11위, 수출 규모 세계 6위, 군사력 세계 7위를 자랑하는 강소국이지만, 세계인들의 우리 문화에 대한 이해는 아직 부족합니다. 심지어 우리나라가 어디에 있는지조차 모르는 외국인들도 무척 많습니다. 왜 그럴까요? 세계인들이 우리 문화에 대해 관심이 없어서 그런 것이 아닙니다. 관심이 없다면 '한류(韓流)' 열풍도 없었겠지요. 원인은 우리의 적극성 부족에 있습니다. 가장 많은 세계인들이 활용하고 이해하는 언어인 영어로 우리의 문화를 표현하고 널리 알리고자 충분히 노력하지 않았기 때문입니다. 궁극적으로는 영어의 말과 글로 무언가를 표현하는 능력과 적극적인 의지가 아직 부족하기 때문이지요.

　인터넷 사이트나 블로그, 유튜브 등에 우리의 문화를 영어로 표현해서 포스팅한다! SNS를 통해 외국인 친구들을 사귀며 우리의 흥미로운 문화나 유명 관광지들을 영어로 간단히 소개한다! 영어를 공부하면서 누구나 할 수 있는 활동입니다. 소개할 만한 우리 문화는 여러분 주변에 널려 있습니다. 떡볶이, 김밥 같은 음식을 소개해도 좋고, 학교생활의 단면을 보여주는 것도 좋고, 자기 마을의 유적지를 소개해도 좋습니다. 일상을 영어로 표현하다 보면 좀 더 중요하고 의미 있는 문화와 역사도 표현할 수 있겠지요.

　완벽한 영어 문장, 고상한 표현에 집착할 필요도 없습니다. 우리의 문화를 알고 싶어 하는 세계인들은 즉시 이해할 수 있는 쉬운 영어를 원합니

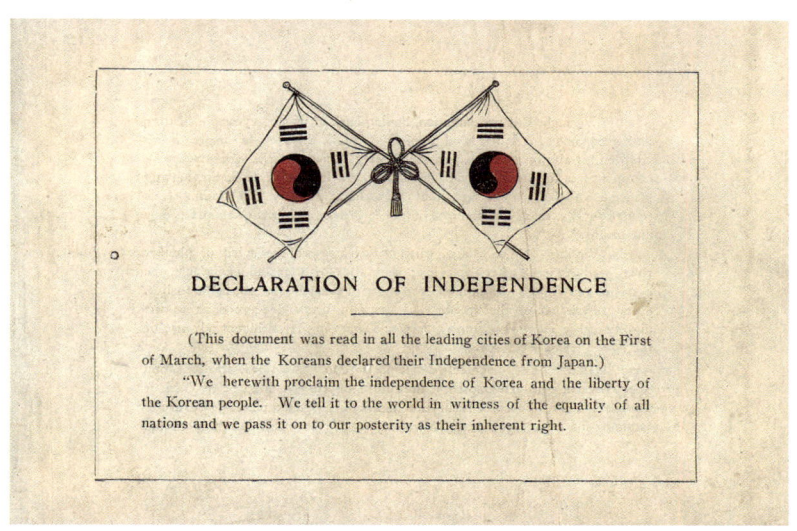

3·1 독립선언문의 영문 번역본 첫 장. 영어로 번역해서 세계인들에게 우리가 처한 현실과 우리의 의지를 알리고자 한 것이다. 영어로 소통하고자 하는 마음, 영어를 활용할 수 있는 능력이 있어야 세계인들과 도움을 주고받는 것이 가능하다.

다. 그들 역시 자신들의 문화를 영어로 소개할 때는 어려운 단어나 표현을 사용하지 않습니다. 누구나 아는, 중학교 수준의 단어들을 주로 사용하지요. 그래야 더 많은 사람들이 이해하고 호응하니까요. 그렇게 서로가 이해하는 언어로 자기 생각과 사는 모습을 주고받는 것. 그것이 문화의 교류이고 소통입니다.

영어로 자기 생각을 표현할 수 있다면, 우리 문화를 더욱 적극적으로 해외에 홍보할 수 있습니다. 반크(VANK: Voluntary Agency Network of Korea) 같은 한국 홍보단체에 가입해서 우리 문화를 널리 알리고 외국인들이 잘못 알고 있는 우리의 관습이나 역사를 바로잡을 수 있습니다. 그린피스(Greenpeace) 같은 국제적인 환경단체의 일원으로서 세계 환경 보호 운동에 일조할 수 있으며 우리 환경 문제의 해결을 위한 조언과 도움을 얻을 수도 있습니다. 다양한 국제구호단체에 가입해서 기아와 전쟁으로 고통 받는 사람들의 실상을 국내외에 알릴 수도 있고 난민을 돕는 활동에도 참여할 수 있습니다. 지구촌의 책임 있는 구성원이 되기 위해서도 영어 공부는 꼭 필요한 것입니다.

문화강국의 국민은 포용과 배려가 다르다!

일제 강점기에 대한민국 임시정부를 이끌며 평생 독립운동에 헌신했던 김구 선생님은 〈나의 소원〉이란 글에 이런 말을 남겼습니다. "나는 우리나라가 세계에서 가장 아름다운 나라가 되기를 원한다. …… 오직 한없이 가지고 싶은 것은 높은 문화의 힘이다. 문화의 힘은 우리 자신을 행복하게 하고, 나아가 남에게 행복을 주기 때문이다." 이미 오래 전에 김구 선생님은 문화강국이야말로 진정한 선진국이며 문화의 힘으로 세계인들이 함께 공존하며 행복을 누릴 수 있다는 가르침을 남기신 것입니다.

그런데 문화가 강한 나라란 어떤 나라일까요? 문화강국을 이해하려면 앞에 나왔던 문화의 정의를 다시 생각해 볼 필요가 있습니다. '문화는 인간 정신의 산물인 언어, 학문, 기술, 예술, 제도, 관습, 전통, 도덕, 종교, 역사 등을 모두 포함하는 개념'이다! 문화강국이 되려면 문화의 모든 영역이 고루 발전해야 합니다. 그러려면 반드시 문을 활짝 열고 다른 문화를 적극적으로 받아들여야 합니다. 다른 문화의 좋은 점은 취하고, 우리의 부족한 부분을 수정하고 보충해야 합니다. 또한 우리의 우수한 문화를 해외에 널리 알리고 뒤쳐진 나라들에게 도움을 주어야 대한민국의 위상이 높아지겠지요.

그렇게 문화를 주고받다 보면 우리의 문화는 자연히 풍성해지고 발전합니다. 자기 문화가 최고라고 착각하며 다른 문화를 배척하면 국가의 힘은 점점 쇠락하고 국제 사회에서 고립되고 맙니다. 마음을 열고 다른 문화를 마음껏 받아들이고 자기 문화를 적극적으로 퍼뜨려야 문화강

김구 선생님(1876~1949년)께서 꿈꾸신 문화강국, 영어 공부와 어떤 관련이 있을까?

국이 될 수 있습니다. 문화강국은 전 세계 사람들의 마음을 자석처럼 끌어당기고 동화시키는 힘을 갖고 있습니다. 우리나라가 문화강국이 되면 지금 미국의 대중문화처럼 세계인들이 우리의 문화에 열광할 것이고, 한국어를 배우고자 하는 사람들도 지금보다 훨씬 더 많아질 것입니다.

무엇보다 중요한 점은, 영어를 활용해서 다른 문화를 접하고 외국인들과 교류하는 과정에서 여러분이 변한다는 사실입니다. 마음은 넓어지고 생각은 깊어집니다. 문화는 정신의 산물이기 때문에, 다양한 문화를 접하다 보면 자연히 지식이 쌓이고 다른 사람들의 생각을 이해하는 폭이 넓어져 관대해집니다. 우물 속 세상이 전부라고 믿는 사람들은 우물 밖 세상 풍경을 좀처럼 받아들이지 않습니다. 무지하기 때문에 편협하고 옹졸하지요. 이런 사람은 아무리 나이가 들어도 정신적으로 성장할 수 없습니다. 다른 문화를 이해하고 인정하며 다른 문화권 사람들의 생각을 포용하는 마음가짐을 가진 사람과는 전혀 다른 삶을 살게 됩니다.

다양한 문화를 접해서 이해하고 포용하는 태도를 갖게 되면 새로운 것을 쉽게 받아들이게 됩니다. 새로운 지식, 새로운 기술, 새로운 아이디어, 새로운 기회를 거부하지 않습니다. 다른 문화에 대한 이해는 타인에 대한 배려로 이어집니다. 이런 사람만이 지구촌의 발전과 평화에 기여할 수 있습니다. 이런 사람만이 더 넓은 세상으로 삶의 공간을 확장하고 의미 있는 활동으로 삶의 시간을 채울 수 있습니다. 여러분도 영어로 세상의 모든 문화를 품어 보세요.

09

4차 산업혁명과 영어의 역할

{ 세상을 바꾸는 4차 산업혁명과 기술 융합

괴담인가, 사실인가?

인공지능 통번역 기술이 불러온 논란: 너 아직도 영어 공부하니? }

세상을 바꾸는 4차 산업혁명과 기술 융합

'4차 산업혁명'이란 말을 들어 보셨죠? 산업혁명(Industrial Revolution)이란 기술의 혁신적인 발전으로 인해 산업 전반의 형태와 인류의 생활방식이 급속히 변화하는 것을 말합니다. 첫번째 산업혁명은 18세기 말에 영국에서 시작되었습니다. 증기기관이 발명되었고, 기계화된 공장들이 대거 들어섰으며, 철도가 등장했지요. 산업 전반에서 가내수공업이 쇠퇴하고 대량생산이 이루어졌으며, 자본주의 경제체제가 자리잡았습니다.

두 번째 산업혁명은 19세기 말에 유럽과 미국에서 시작되었습니다. 석

제1차 산업혁명기 독일의 한 공장 모습을 묘사한 그림.

유가 가장 중요한 에너지원으로 등장했고, 전기 시스템이 도입되었습니다. 공장의 자동화와 분업화가 진행되어 생산력이 급증했습니다. 전신, 전화 같은 혁신적인 통신 수단이 발명되었고, 라디오, 텔레비전 같은 방송 시스템도 개발되었습니다. 엔진을 장착한 자동차와 비행기는 운송의 혁명을 가져왔고, 플라스틱, 합성 섬유 같은 화학제품들도 인류의 삶을 변화시켰습니다.

세 번째 산업혁명은 1970년대부터 컴퓨터와 인터넷이 보급되면서 시작되었습니다. 대부분의 사무가 개인용 컴퓨터(PC)로 이루어지고, 인터넷으로 세상이 연결되어 많은 사람들이 정보를 공유할 수 있게 되었습니다. 공장의 생산 시스템을 컴퓨터로 제어해서 제품의 수량과 품질을 효율적으로 관리하게 되었고, 마우스 클릭 한번으로 제품의 매매와 운반이 작동되는 물류의 혁명도 일어났습니다. 컴퓨터와 인터넷을 결합해 작은 전화기 안에 다양한 기능을 담은 스마트폰도 이미 우리 손 안에 들어와 있지요. 지금 우리가 살고 있는 세상은 제3차 산업혁명 시대 안에 있습니다.

그럼 요즘 많은 사람들의 이목을 집중시키는 제4차 산업혁명이란 뭘까요? 우선 이 개념이 처음 등장한 2016년으로 거슬러 올라가 봅시다. 2016년 1월에 세계경제포럼(World Economic Forum)이 열렸습니다. 세계경제포럼은 각국의 유명한 경제학자, 기업인, 정치인, 언론인들이 모여서 세계 경제 문제에 대해 토론하는 국제회의입니다. 매년 스위스의 다보스에서 열리기 때문에 '다보스포럼(Davos Forum)'이라고도 합니다. 2016년 연례총회에서 다보스포럼의 설립자이자 회장인 클라우스 슈밥(Klaus Schwab)은 인류가 네 번째 산업혁명을 맞이할 거라고 주장하며 제4차 산업혁명 시대를 "디지털 혁명에 기반하여 물리적 공간, 디지털적 공간, 생물학적 공간

2016년 세계경제포럼 개막식 모습. 이 회의에서 슈밥 회장은 인류가 제4차 산업혁명을 맞고 있다고 주장했다.

의 경계가 희석되는 기술 융합의 시대"로 정의했습니다.

참 이해하기 어려운 말인데, 여기서 가장 중요한 문구는 '기술 융합'입니다. '융합'은 국어사전에 "서로 섞이거나 조화되어 하나로 합쳐짐"으로 정의되어 있습니다. 즉 슈밥 회장이 말하는 기술 융합은 디지털 혁명으로 인해 첨단화된 기술들을 더하고 섞어서 새로운 기술을 만들어낸다는 의미입니다. 이 개념을 가장 쉽게 이해할 수 있는 물건이 이미 우리 손에 있습니다. 스마트폰! 전화, 이메일, 문서작성, 메모장, 음악 청취, TV 시청, 사진과 동영상 촬영, 게임, 쇼핑, 데이터 저장 등등 대단히 많은 기능들이 하나의 작은 기계 안에 '융합'되어 있지요. 스마트폰이 발명되기 전의 모습을 떠올리면 이 물건이 얼마나 대단한 것인지 감탄하지 않을 수 없습니다. 스마트폰이 등장하기 전에는 전화기, 팩스, 컴퓨터, MP3 플레이어, 텔레비전, 사진기, 캠코더, 게임기 등등이 각기 따로 존재했지요.

산업 전반에서 이런 혁신적인 기술과 제품들이 속속 등장해서 우리의 삶을 급속히 바꾼다는 의미에서 제4차 산업혁명이라고 부르는 것입니다. 이 변화를 주도하는 핵심 기술로 7가지를 꼽을 수 있습니다. 인공지능(AI: Artificial Intelligence), 빅데이터(Big Data), 로봇공학, 무인 운송 시스템, 사물인터넷[IoT: Internet of things], 3D 프린팅, 나노 기술(Nano Technology). 이 기술 용어들과 개념들을 이해하는 것도 쉽지는 않지만, 비전문가의 입장에서 아주 단순하게 정리하자면 이런 겁니다.

* 인공지능: 마치 사람의 뇌처럼 컴퓨터가 스스로 생각하고 판단하고 학습하도록 만든 컴퓨터 프로그램이다. 흔히 AI라고 부른다. 입력된 명령에 따라 끊임없이 학습하는 '딥러닝(Deep Learning)' 능력을 갖추고 있어 빠른 속도로 영리해진다. 바둑 AI는 이미 천재 바둑기사들을 모두 제치고 세계 랭킹 1위에 올라 있다. 단어 몇 개만 입력하면 스스로 그럴싸한 소설을 써 내는 인공지능도 있고, 리듬과 박자 패턴 몇 개, 가사 몇 줄을 입력하면 작사 작곡을 하고 노래까지 부르는 '싱어 송 라이터(singer-songwriter)' AI도 있다. 어떤 도로 상황에서도 운전자 없이 안전하게 달리는 자율주행 자동차에도 인공지능 프로그램이 장착된다.

* 빅데이터: 엄청난 양의 정보를 디지털 방식으로 모으고 분류하고 분석해서 다방면으로 활용하는 기술이다. 사이트 접속, 검색어 입력, 댓글 작성, 사진이나 동영상 포스팅, 소셜 네트워크 활동 등등, 인터넷에 접속하는

세상 사람들이 하는 모든 활동이 데이터이고, 이 데이터들이 쌓여서 빅데이터가 된다. 내가 지난 몇 년 동안 어떤 검색어로 정보를 찾았는지 구글은 다 알고 있다. 개인별 빅데이터를 갖고 있기 때문에 무엇에 가장 관심이 많은지, 심지어 어떤 사람인지까지 대충 알고 있다. 대한민국 중2들이 어떤 게임을 가장 좋아하는지, 어떤 스테이지에서 가장 많이 망하는지, 어떤 게임 아이템을 선호하는지 게임 회사 사장님들은 훤히 꿰뚫어보고 있다. 컴퓨터가 실시간으로 통계를 내고 정리, 분석까지 다 해서 쌓아 놓은 빅데이터를 활용한다면 가능하다.

* **로봇공학**: 산업 전반에서, 그리고 실생활에서 사람의 노동을 대신하는 로봇을 만들어 내는 기술이다. 이미 다양한 로봇이 개발되어 사람이 하

대한민국 카이스트(KAIST)에서 개발한 재난 대응 로봇 휴보(Hubo). 2015년 다르파 세계 재난로봇 경진대회에서 우승을 차지했고, 2018 평창 동계 올림픽에서 로봇으로는 세계 최초로 성화 봉송에 참여하기도 했다. 〈사진: John F. Williams〉

기 힘든 일, 더러운 일, 위험한 일을 수행하고 있다. 조만간 사람 수보다 로봇의 수가 더 많아질 수 있다. 공장에서 로봇이 열심히 일하고 있다. 노동자는 찾아보기 힘들다. 식당에서 요리와 서빙도 로봇이 한다. 골목마다 로봇 경찰이 배치되어 순찰을 돈다. 전쟁도 사람 대신 로봇이 한다. 이것이 미래의 모습이다.

* 무인운송 시스템: 컴퓨터 프로그램 AI, 무선인터넷, 통신 위성 같은 기술들이 합쳐져서, 운전자 없이도 탈것이 자동으로 사람과 물건을 실어나르는 시스템이다. 버스, 기차, 트럭, 승용차, 선박, 비행기에 운전하는 사람이 없다. 제가 그냥 알아서 간다. 일종의 운송 로봇이다. 운전기사, 항해

상업용, 군사용, 레저용 등등 다방면에서 활용되는 비행체 드론(drone). drone은 원래 '수컷 벌, 벌처럼 웅웅대는 소리'를 뜻하는 단어이다. 〈사진: Josh Sorenson/출처:pexels.com〉

사, 조종사 같은 직업이 역사 속으로 사라진다. 드론이 날아다니며 택배를 배달한다.

* 사물 인터넷: 온갖 물건들에 센서와 통신 기능을 장착해서 인터넷으로 연결하는 기술이다. 물건과 물건이 연결되고 물건과 사람이 연결되어 정보를 주고받는다. 내가 소유하고 있는 물건들을 스마트폰으로 명령하고 통제할 수 있다. 생산, 물류, 소비의 모든 단계에 사물인터넷 기술을 적용할 수 있다. 이제 물건하고도 소통을 하는 시대가 와서 이런 모습이 당연하게 여겨질 것이다. 한여름, 현관문을 열고 집에 들어가니 시원하다. 당연하다. 집에 도착하기 10분 전에 에어컨에게 작동 명령을 해 놓았으니까. 운동화에 전자 칩이 들어 있는데, 얼마 전에 나한테 이런 건방진 문자를 보냈다. "너무 더럽고 낡았으니 빨아 신든가, 새로 하나 사든가!"

* 3D 프린팅: 기존의 프린터가 종이나 섬유의 한 면에 글자나 그림을 인쇄하는 기계인 데에 비해, 3차원 인쇄기인 3D 프린터는 아예 물건을 찍어 낸다. 프린터의 종류, 프로그램, 재료에 따라 다양한 물건들을 만들어 낼 수 있는 일종의 제작 기계다. 지금도 간단한 일상용품들을 찍어 내는 3D 프린터가 개발되어 있고, 총기류를 만들 수 있는 프린터도 등장했다. 인공 뼈를 만드는 기술도 개발되어 있고, 심지어 식용 초밥을 '출력'할 수 있는 제품도 나왔다. 머지않아 거대한 3D 프린터가 다리를 건설하는 모습을 목격할 수도 있다. 실제로 네덜란드의 한 벤처기업이 건설용 3D 프린터를 개발 중이다. 3D 프린터로 만든 3D 프린터를 사용할 날도 곧 올 것이다.

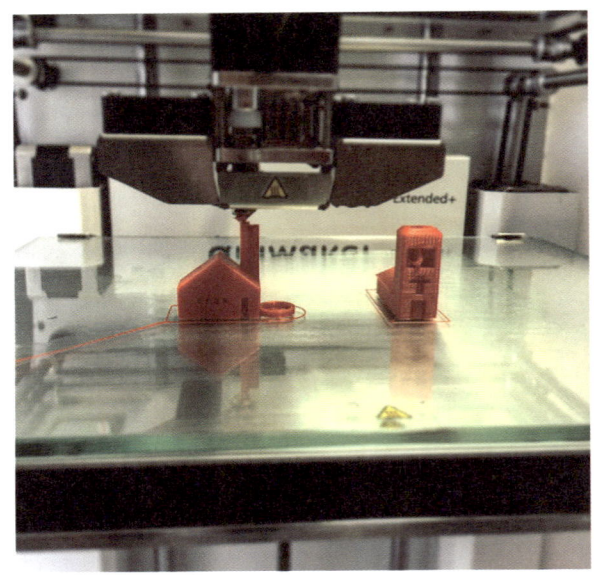

물건을 직접 출력해서 창조할 수 있는 3D 프린터. 3D에서 D는 dimension(차원)의 머리글자이다. 출력된 결과물이 입체 형태이기 때문에 '3차원'이라고 부르는 것이다.

* 나노 기술: 10억분의 1 미터인 나노미터 정도의 지극히 크기가 작은 원자, 분자, 초분자 단위에서 물질을 분리하거나 합성해서 새로운 성질을 만들어 내는 기술이다. 나노 기술을 활용해서 유전자 조작 수술법이나 신약 개발 등으로 불치병을 정복하는 길이 열릴 수도 있다. 코딱지만 한 크기의 세제 한 알로 이불 빨래까지 할 수 있는 친환경 세제도 만들 수 있고, 특정 조건에서 쉽게 썩는 플라스틱이 개발되어 인류가 플라스틱 오염의 공포에서 벗어날 수도 있다. 핵무기보다 더 무서운 생화학 무기가 개발될지도 모른다.

괴담인가, 사실인가?

어떤 학자들은 이런 기술의 등장과 세상의 변화가 제3차 산업혁명의 연장선 위에 있는 것이지 4차 산업혁명이라고 볼 수는 없다고 주장합니다. 그런데 3차든, 4차든 그건 우리에게 그다지 중요하지 않습니다. 그 숫자 문제는 학자들끼리 싸우다가 결정하면 되고, 우리에게 중요한 문제는 '우리의 삶이 어떻게 변화할 것인가?'입니다. 그런데 지금 이와 관련해서 공포를 느낄 수밖에 없는 흉흉한 주장들이 세상에 떠돌고 있습니다.

"20년 안에 지금 존재하는 직업의 절반 이상이 사라질 것이다."
"지금 초등학교에 입학하는 아이들의 65%는 현재 존재하지 않는 새로운 직업에 종사하게 될 것이다."
"지금 20대에 접어든 청년들은 앞으로 네다섯 개의 다른 직업을 갖게 될 것이다. 사라지고 새로 생겨나는 직업들이 그만큼 많을 것이기 때문이다."

이 괴담들의 1차 진원지는 바로 앞에서 소개했던 세계경제포럼입니다. 2018년 포럼에서는 이런 아리송한 주장도 나왔습니다. "로봇 기술의 발전으로 인해 향후 10년 동안 전 세계에서 사라질 일자리는 약 7,500만 개이고, 새로 만들어질 일자리는 1억 3,330만 개에 달할 것이다." 해마다 전망이 바뀌고 이야기가 오락가락합니다.

뿐만 아니라 10년, 20년 안에 사라질 직업들의 순위까지 구체적인 목록으로 작성되어 돌아다닙니다. 번역[통역]가, 공장 노동자, 펀드 매니저를 비롯한 금융 전문가, 회계사, 계산원, 의사, 약사, 운전사, 보험 설계사,

변호사, 판사, 물류 회사 노동자, 비행기 파일럿, 기자, 영업 사원, 스포츠 심판, 요리사 등등 사라질 직업들이 줄지어 있습니다. "저는 커서 무엇이 되겠습니다!"라고 꿈을 꾸기조차 힘들어진 상황입니다.

저는 미래를 예측하는 학자가 아닙니다만, 좀 다른 생각을 갖고 있습니다. 저는 우리나라의 연간 1인당 국민소득이 200~300달러이던 시절에 태어나, 3만 달러가 넘는 현재를 살고 있습니다. 사실상 대한민국에서 벌어진 2차 산업혁명과 3차 산업혁명을 모두 겪은 세대에 속합니다. 저의 '좀 다른 생각'은 바로 이 시대를 살아 온 경험에서 자연스럽게 나온 것이지, 결코 4차 산업혁명의 논란이 야기한 흥흥함과 불안함을 진정시키고자 의도한 것이 아님을 우선 밝힙니다.

저의 주장은 이것입니다. "미래학자들이 호들갑을 떠는 것만큼 세상이 그렇게 급속히 변하지는 않을 것이다!" 이 '무모하고 과격한' 주장을 뒷받침하기 위해 여러분도 잘 알고 있는 세 가지 기술을 예로 들어 보겠습니다. 화상통화 기술, 자율주행 자동차 기술, 전자책(e-book) 기술입니다.

제가 국어 받아쓰기 시험을 보고 덧셈과 뺄셈을 배우던 1970년대에 이미 화상통화 기술이 개발되어 있었습니다. 국립과학관에 가서 그 요상한 '텔레비전 전화기'를 보는 순간 전율을 느꼈던 기억이 있습니다. 전화 기능과 영상 전송 기능을 접목한, 지금 생각하면 별 기술답지도 않은 기술인데, 당시엔 모두 놀랄 수밖에 없는 획기적인 기술이었지요. 그런데 더 놀라운 사실은 화상 전화기(video phone)가 이미 1930년대에 미국에서 개발되어 있었다는 점입니다. 화상통화 기술이 우리 일상으로 들어오고 누구나 요금 걱정 없이 사용할 수 있기까지 70년이 넘는 시간이 걸렸습니다. 왜 그랬을까요?

1969년 스웨덴의 타게 엘란데르 총리가 에릭슨(Ericsson)사가 개발한 화상통화 시스템으로 통화하는 장면이다.

    1993년 6월, 고려대학교 산업공학과 한민홍 교수팀이 개발한 자율주행 자동차가 세계 최초로 도심 주행에 성공했습니다. 서울 청계천에서 여의도 63빌딩까지 약 17킬로미터를 사고 없이 달렸습니다. 2년 후인 1995년에는 경부고속도로 주행에 성공했고, 이 소식을 접한 독일의 벤츠와 폭스바겐 사에서 기술팀을 파견해 기술을 전수받고자 했습니다. 그런데 한민홍 교수팀은 이 자동차 자율주행 기술을 지원해 달라고 정부에 신청했다가 탈락하고 말았습니다. (2018년 8월 27일자 중앙일보 인용) 당시 한국 정부에서 지원을 거부한 탓에 실제 자동차 산업 기술로 적용되지 못한 것입니다. 왜 그랬을까요? 그로부터 한 세대가 지난 지금까지도 '세계 최초'란 타이틀이 무색할 정도로 우리 도로에는 자율주행 자동차가 달리지 못하고 있습니다.

21세기로 접어드는 세기말에 국내 출판업계는 전자책 논쟁으로 시끄러웠습니다. 디지털 기술을 활용해 책을 인터넷으로 다운 받아 전용 단말기나 컴퓨터로 읽는 기술이 상용화되기 시작하던 시점이었습니다. 논쟁의 요점은 이런 것이었습니다. "전자책은 얼마나 빠른 속도로 퍼져나갈 것인가? 종이책은 사라질 운명인가? 디지털 기술에는 문외한인 출판인들은 앞으로 어떻게 먹고 살아야 하나?" 주변에서 많은 사람들이 정말 귀찮을 정도로 만날 때마다 제게 같은 질문을 했습니다. 그리고 그때마다 저는 보수적인 의견을 피력했습니다. 좀 멋지게 포장해서 재생하자면 이런 대답이었습니다. "사람은 대개 자신에게 익숙한 것을 버리고 새것을 취하기를 꺼린다. paper의 어원인 이집트의 파피루스(papyrus)가 등장하고 105년 경 중국의 채륜이 종이를 발명한 이래, 인류는 약 2,000년 동안 종이 위에 생각을 담고 지식을 주고받았다. 이 익숙함을 단번에 포기하지는 않을 것이다. 언젠가 종이책이 사라질 수는 있겠지만, 시간이 꽤 걸릴 것이다." 이런 말을 할 때마다 출판계 사람들은 고개를 갸우뚱했습니다.

전자책이 상용화된 지 20여 년이 흘렀습니다. 한동안 전자책은 종이책을 압도할 듯 약진했습니다. 2007년 미국 인터넷서점 아마존이 전자책 단말기 시스템인 킨들(Kindle)을 출시한 이후 전자책 판매는 급속히 증가했습니다. 그런데 2014년부터 이상한 현상이 벌어지기 시작했습니다. 미국에서 전자책 판매량이 약 10% 감소했고, 종이책 판매량은 12.5% 증가했습니다. 2016년도 미국의 전자책 판매량은 약 18% 줄었고, 종이책 판매량은 약 7% 늘었습니다. 이런 추세는 지금까지 계속되고 있습니다. 전체 판

파일 형태의 도서들을 원하는 만큼 다운받아 읽을 수 있는 전자책(e-book). 상용화된 지 20여 년이 지났지만 아직 종이책을 대체하지 못하고 있다.

매 도서 중 전자책이 차지하는 비율을 보면, 중국은 약 15%, 일본은 약 12%, 프랑스와 우리나라는 5% 안팎에 불과합니다. 왜 그럴까요?

사실 기술 상용화의 '버퍼링' 현상을 보여 주는 사례들은 무척 많습니다. 그리고 세상에는 아직 2차, 3차 산업혁명도 겪어 보지 못하고 수도나 전기 시설조차 제대로 갖춰지지 않은 나라들이 참 많습니다. 기술의 진보가 곧바로 우리 삶의 변화로 이어지지 않는 이유, 변화의 속도가 우리가 적응하지 못할 정도로 빠르지 않은 이유로 몇 가지를 꼽을 수 있습니다.

첫째, 우리가 사는 세상은 자본주의가 지배하는 세상입니다. 자본주의는 개인의 재산권을 법적으로 인정하고 자유로운 경제활동을 보장하는 경제 체제입니다. 그리고 자본주의의 동력은 개인의 욕망과 돈입니다. 새로운 기술이 개발되면, 그 기술을 개발한 사람이나 그 기술로 생산 활동을 하는 자본가들은 당연히 최대한의 이익을 얻고자 합니다. 가능한 한 비싼 값에 기술과 제품을 팔려고 하지요. 그래서 기술 개발자는 특허 등록을 합니다. 기술 특허를 인정받으면 다른 사람이 개발하는 같은 기술, 또는 비슷한 기술은 모두 '불법 복제' 취급을 받습니다. 그렇게 기술이 독점되면 부르는 게 값이 되지요. 그래서 그 기술이 적용되는 제품들도 비쌀 수밖에 없습니다.

반면, 소비자들은 그 기술이 적용된 제품을 가능한 한 싼 값에 사고자 합니다. 돈을 적게 들여 소비하려는 욕망 때문입니다. 그런데 그 욕망은 대개 결핍에서 비롯됩니다. 대다수의 소비자들은 부자가 아닙니다. 사업이나 장사를 해서, 또는 부동산이나 주식에 투자해서 부자가 되는 사람들은 소수입니다. 대개는 자본가에게 고용되어 노동을 제공하고 임금을 받는 노동자들이지요. 고용과 노동의 관계에도 돈의 욕망이 작용합니다. 고용주는 가능한 한 임금을 적게 주고 일을 시키고자 합니다. 노동자는 힘이 약하기 때문에, 또는 다른 대안이 없기 때문에 적은 임금을 받을 수밖에 없지요. 생활비로 쓰고 나면 남는 돈이 별로 없습니다. 새로운 기술을 적용한 제품을 소유하고는 싶지만, 제품의 가격이 자기 지불 능력 안에 들어오기 전까지는 구매를 꺼리게 됩니다. 스마트폰이 좋은 예입니다. 10년이 지나도 스마트폰 가격은 내려가지 않습니다. 신제품은 항상 비싼 가격에 출시되지요. 통신 요금도 마찬가지입니다. Generation(세대)의 약자인 G자 앞에 숫자가 커지면서 4G, 5G로 변할 때마다 요금은 비싸집니다. 그래서 자식들은 고품질의 비싼 스마트폰을 사주지만, 정작 자신은 저가의 '알뜰폰'을 쓰는 부모가 많지요.

이렇게 기술을 파는 사람의 욕망과 사는 사람의 욕망이 충돌하고 갈등하는 동안에는 기술이 널리 퍼지기 힘듭니다. 두 욕망이 접점을 찾아서 "이 정도면 정말 싸게 파는 거예요. 사고 싶지 않나요?" "그다지 싸지는 않지만 편리하다니 한번 사서 써 봐야겠네." 같이 암묵적 합의가 있어야 기술이 일상으로 들어오는 것입니다. 새로운 기술이 개발되고 산업에 적용되는 데에는 시간이 걸립니다. 또한 이후 소비까지 이어져서 일상의 변화를 일으키려면 좀 더 많은 시간이 필요하지요. 화상통화기술이 그런 사례들 중 하나라고 볼 수 있습니다.

기술 상용화 '버퍼링'의 두 번째 이유는 결정권에 있습니다. 기술을 받아들일지 말지 결정하는 권한은 사회의 지도층에 속하는 사람들이 갖고 있습니다. 쉽게 말해 고위공직자, 국회의원, 판사, 종교 지도자 같이 힘을 갖고 있는 사람들이지요. 앞에서 보았듯이, 대한민국은 세계 최초로 자율주행 자동차의 시험 주행에 성공한 나라입니다. 대학교에서 연구비를 들여 개발했지요. 그런데 이 기술의 산업화를 위해 연구를 지원해 달라는 요청을 당시 정부가 받아들이지 않았습니다. 자세한 이유는 모르겠지만, 어쨌든 결정권자가 'No!'라고 결정해 버린 겁니다. 'Yes!'였다면 어땠을까요? 어쩌면 우리의 기술을 적용한 자율주행 자동차가 세계 여러 나라에서 도로 위를 달리고 있고, 우리나라는 기술 보유국으로서 많은 경제적 이익을 얻고 있을지도 모릅니다.

생명공학 분야에도 대표적인 사례가 있습니다. DNA 복제, 줄기세포 증식 기술은 정말 혁명적인 과학 기술입니다. 불치병을 정복하고, 수명을 연장하고, 식량 문제를 해결할 수도 있는, 인류에게 정말 절실한 기술이지요. 그래서 현재 우리나라를 비롯해 많은 나라들에서 연구가 진행되고 있

1996년 세계 최초로 DNA 복제 기술로 태어난 복제양 돌리(Dolly). 유선 조직의 세포핵을 난자에 이식하는 방식으로 복제되었는데, 탄생과 함께 전 세계적으로 심각한 윤리 논쟁을 불러일으켰다. 지금은 스코틀랜드 국립박물관에 박제된 형태로 전시되어 있다.

습니다. 그러나 이 생명공학 기술이 실생활에 들어오려면 많은 시간이 걸릴 것으로 예상됩니다. 왜냐하면 기술 적용의 결정권을 갖고 있는 사람들끼리 합의하기가 쉽지 않기 때문입니다. 우선 유일신과 창조주 개념을 갖고 있는 종교의 성직자들이 대부분 반대합니다. 생명을 '창조'하고 죽음을 '결정'하는 것은 신의 권한이라고 믿기 때문입니다. 자기 신념과 가치관 때문에 생명공학 기술의 상용화를 반대하는 정치인들도 무척 많습니다.

또한 먹고사는 문제와 기술이 충돌하면 결정권 자체가 '폭탄'의 뇌관이 될 수도 있습니다. 예를 들어 차량 자율주행 기술이 실제로 우리나라 운송 분야에 적용된다면, 버스, 택시, 트럭, 기차를 운전하는 운송직 종사자

약 100만 명이 일자리를 잃게 됩니다. 가족까지 포함하면 수백만 명이 생계의 위협을 받게 되지요. 운송업 종사자들이 가만있을 리 없습니다. 기술 도입을 반대하며 격렬히 투쟁하겠지요.

농촌이 아니더라도 어디에서나 공장을 짓고 농작물을 재배할 수 있는 기술이 개발되어 있습니다. 자연재해 걱정도 없고 저렴한 비용으로 대량 생산할 수 있는 공장형 농업 생산 기술입니다. 그런데 자본을 갖춘 대기업들이 앞 다투어 이 기술을 도입해 농업에 뛰어든다면 어떻게 될까요? 우리나라의 250만 농민들과 관련 산업에 종사하는 영세한 농업인들이 들불처럼 일어나 반대 투쟁에 나설 겁니다. 당연합니다. 생존이 걸린 문제니까요.

AI의 도입으로 사라질 직업 세계랭킹 1위인, 저와 같은 번역가들은 그냥 엉엉 울면서 시대를 원망하며 다른 밥벌이를 찾겠지만, 조직적으로 뭉쳐서 단체 행동을 할 수 있는 사람들은 다릅니다. 그들의 조직적인 투쟁은 '결정권자들'을 압박합니다. 결정권이 흔들리면 정치인들은 대개 타협을 모색합니다. 가능한 한 사회적 갈등과 불안이 적은 방향으로 결정권을 행사할 가능성이 큽니다. 그리고 그들이 선택할 가장 상식적인 해결책은 '시간의 여유를 갖고 천천히, 눈치 보면서, 기술을 도입하자!'입니다.

4차 산업혁명의 핵심기술들이 얼마나 빠른 속도로 우리의 삶을 변화시킬지 아무도 확신할 수 없습니다. 현존하는 직업들 중 어떤 직업들이, 얼마나 일찍 사라지게 될지 정확히 예측할 수도 없습니다. 그러나 저의 주장에 어느 정도 수긍을 한다면, 한 가지 분명한 생각이 여러분의 머릿속에 남을 겁니다. '미래를 준비할 시간은 충분하다!' 이와 더불어 또 하나 여러분이 붙잡고 있어야 할 생각은 이것입니다. '소중한 꿈을 버리지 말자!'

내가 어른이 되어 갖고 싶은 직업이 인공지능과 로봇 기술의 발달로 인해 20년 안에 사라질 직업 목록에 들어 있더라도 미리 그 꿈을 포기할 필요는 없습니다. 밥상 위에 여러 음식들이 차려져 있는데, 젓가락을 들기도 전에 이 음식은 이런 단점이 있고 저 음식은 이런 단점이 있으니 먹지 말라고 하면, 밥상에 먹을 음식이 남겠습니까?

직업의 본질은 사회 안에서의 역할입니다. 사람이 맡고 있는 그 역할을 기계가 더 효율적으로 잘할 수 있는 시점이 되면 그 직업은 사라지겠지요. 그러나 어떤 직업이든 한동안은 사람과 기계가 경쟁할 것이고, 그 '한동안'은 앞에서 언급한 자본주의의 특성과 결정권의 행사 여부에 따라 생각보다 긴 시간이 될 수 있습니다. 또한 판사, 의사, 정치인, 경찰관, 교사, 성직자, 연예인, 소설가, 심지어 번역가가 꿈이더라도, 자신이 맡은 역할의 본질이 여러분을 새로운 길로 인도할 것입니다. 각 분야에서 실력을 쌓아 진정 그 역할에 충실할 수 있다면, 여러분은 '결정권자'로서 AI 로봇이 수행하는 역할을 수정하고 통제하는 위치에 설 수 있습니다.

인공지능 통번역 기술이 불러온 논란: 너 아직도 영어 공부하니?

제4차 산업혁명의 논란이 불러온 불안과 공포에서 좀 벗어나셨나요? 그럼 이제 영어 공부와 관련된 아주 중요한 질문을 하나 던져 보겠습니다.

'AI 기술의 발달 덕분에 자동으로 번역하고 통역하는 컴퓨터 프로그램과 스마트폰 애플리케이션이 개발되고 있는데, 과연 영어를 공부할 필요가 있을까?'

최근에 제가 아주 귀찮을 정도로 많이 듣는 질문입니다. 어떤 이들은 이 질문을 하면서 저에게 안쓰러운 눈길을 보내기도 합니다. '너도 이제 번역해서 먹고 살기는 힘들겠구나!' 하며 동정하는 듯 느껴집니다. 실제로 이 질문에 대해 아주 많은 사람들이 이렇게 답하고 있습니다. "영어 공부? 스마트폰과 컴퓨터만 있으면 통역도 되고 번역도 되는데, 영어 공부를 왜 해? 아니, 다른 외국어도 다 마찬가지지. 시간 낭비 아냐? 이제 외국어를 공부하는 것은 바보 같은 짓이지!"

여러분은 이미 저의 대답을 짐작하고 있을 겁니다. 영어 공부가 필요하지 않다면 이 책을 쓰지도 않았겠지요. 여러분의 생각은 어떻습니까? 지금 상황에서 과연 외국어 공부를 하는 것이 적절한지 논하기 전에, 우선 여전히 외국어 공부의 중요성을 강조하고 있는, 세계적으로 유명한 '바보'들의 합창을 한번 들어 보겠습니다.

중국 알리바바 그룹의 마윈 전 회장은 2018년 연세대학교에서 열린 한 포럼에서 이런 말을 했습니다. "AI와 로봇의 발달로 영어 공부가 필요 없다고 말하는 사람들이 많은데, 그렇지 않습니다. 저는 모든 이들에게 외국어를 공부하라고 강력하게 권하고 싶습니다. 외국어 습득은 다른 문화권으로 통하는 문을 여는 것이기 때문입니다."

마이크로소프트의 창업자인 빌 게이츠는 2015년 한 온라인 포럼에서 자신의 인생에서 가장 후회되는 일은 외국어를 공부하지 않은 것이라고 말했습니다. "어떤 외국어도 알지 못하는 내 자신이 멍청하게 느껴집니다. 프랑스어, 아랍어, 중국어를 알았으면 좋았을 거란 아쉬움이 있습니다."

페이스북 창업자인 마크 저커버그는 중국어를 열심히 공부하는 것으로 유명합니다. 중국 칭화대에서 중국어로 강연을 한 적도 있습니다. 많은 사람들이 중국으로 사업을 확장하기 위해서 중국어를 공부한다고 생각하지만, 정작 본인은 중국어만 할 줄 아는 아내의 할머니와 직접 대화하고 싶어서 중국어를 공부하기 시작했다고 밝혔습니다. 지금도 가정교사까지 두고서 매일 중국어를 공부하고 있다고 합니다.

일본 소프트뱅크의 손정의 회장은 중학교 수준의 단어들을 활용해서 영어로 대화하는 것으로 유명합니다. 통역사 없이 해외 출장을 다니며 비즈니스 협상도 직접 진행한다고 알려져 있습니다. 그는 2017년 '손정의 육영재단' 특별대담에서 이런 말을 했습니다. "젊은이들은 AI 시대에 대비하기 위해 최대한 빠른 시간 안에 영어와 컴퓨터 실력을 길러야 한다."

중국 국가주석을 지낸 장쩌민[강택민]은 2011년에 출간한 자신의 책 〈영도간부외교사무용어총서〉의 서문에서 중국 관료들에게 이런 조언을 했습니다. 각색하자면 이런 말이었습니다. "세계 각국이 이룩한 문명의 성과들을 교훈으로 삼기 위해, 세계가 중화문명을 깊이 이해할 수 있도록, 중국의 발전에 이로운 국제 환경을 조성하기 위해 중국의 지도자들이 외국어 학습에 노력을 기울여야 한다."

이 '바보들'은 왜 이런 생각을 할까요? 왜 영어 공부가, 외국어 공부가 중요하다고 강조하는 걸까요? 이제 이 바보들보다 훨씬 수준이 낮은 바보인 저의 생각을 펼쳐 보겠습니다. 결론은 이겁니다. '4차 산업혁명 시대에는 외국어, 특히 영어 학습이 더욱 중요해질 것이다!'

첫 번째 이유는 외국어 공부가 21세기를 살아가기 위해 필요한 기본적인 역량을 기르는 데에 큰 도움이 되기 때문입니다. 우리나라는 물론 대부분의 선진국들이 미래의 인재들이 갖추어야 할 능력으로 Creativity(창의력), Critical Thinking(비판적 사고력), Communication(의사소통 능력),

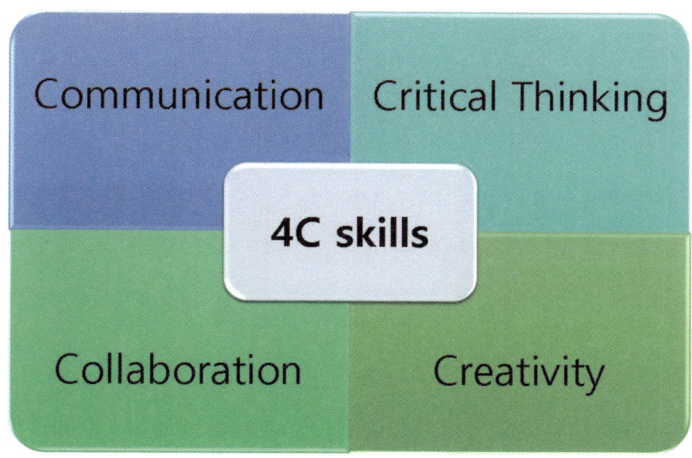

Collaboration(협업 능력)을 꼽는데, 영어의 앞 글자를 따서 흔히 '4C 역량 (4C Skills)'이라고 부릅니다. 그런데 이 4가지 능력은 외국어 공부와 아주 깊은 관련이 있습니다.

사람의 생각은 기본적으로 같지만, 생각을 표현하는 방식은 언어마다 각기 다르지요. 개념과 이미지와 아이디어를 다른 방식으로 표현하는 것입니다. 한국어와 영어를 비교하면, '나는 엄마를 사랑한다.'와 'I love my mom.'은 근본적으로 생각의 흐름이 다릅니다. 한국어에서는 나와 엄마의 관계를 먼저 떠올리고 그 다음에 사랑한다는 나의 감정이 머리에 떠오릅니다. 반면에 영어에서는 나의 감정을 먼저 떠올리고 그 다음에 사랑하는 대상인 엄마를 떠올리는 식입니다.

집에서 TV만 보며 시간을 보내는 사람을 한국어로 '게으름뱅이'나 '텔레비전 귀신'으로 표현하는데, 영어에서는 couch-potato라는 재미있는 단어로 표현하지요. 개념은 같지만 떠올리는 이미지는 무척 다르지요. 공부는 안하고 TV만 보며 빈둥거리기는 아들이 어느 날 갑자기 '나 내년에는 공부 열심히 해서 전교 1등 할 거야!'라고 선언하면 엄마의 첫마디는 대개 '해가 서쪽에서 뜨겠네!'나 '뭐 잘못 먹었니?'일 가능성이 크지요. 이 경우에 미국 엄마라면 'Pigs might fly!(돼지가 날겠다!)'처럼 표현할 겁니다.

샤를마뉴가 말한 '두 개의 언어, 두 개의 영혼'은 외국어를 공부하면 이런 근본적인 언어의 차이에 익숙해져서 새로운 사고방식을 갖게 된다는 의미이기도 합니다. 외국어를 공부하면 자연스럽게 다양한 사고가 가능해지고 이해의 폭이 넓어질 수밖에 없습니다. 새로운 방식으로 표현하고, 다르게 생각하고, 비틀어 보고, 성질이 다른 것들을 합쳐서 융합해 보는 유연성이 생깁니다. 새로운 생각과 표현이 창의성(Creativity)으로 발전하고, 다르게 생각하는 습관이 비판적인 사고(Critical Thinking)로 이어지는 것입니다. 이것이 창조적인 융합의 기본이지요.

외국어에 능통해지면 의사소통 능력(Communication)과 협업능력(Collaboration)도 자연스럽게 길러집니다. 21세기는 같은 모국어를 사용하는 사람들끼리만 모여서 사는 시대가 아닙니다. 언제든 필요에 따라 외국인들과 한자리에 모여서 함께 일하며 협력하고 경쟁하는 시대입니다. 그래서 특히 영어 공부가 중요하지요. 가장 많은 사람들이 사용하는, 사용하고 싶어 하는 언어가 바로 영어이기 때문입니다. 모국어가 다른 사람들끼리 영어로 소통하며 함께 비즈니스를 도모하고 새로운 기술을 개발하고 문화를 통해 영향을 주고받는 것이 바로 여러분이 살아갈 세상입니다.

도전 정신, 실수를 두려워하지 않는 태도 역시 외국어 공부를 통해 얻을 수 있습니다. 낯선 언어를 공부한다는 것 자체가 대단한 도전입니다. 외국어에 능통해지려면 우선 굳은 결심이 필요합니다. 오랜 시간 인내하며 좌절감을 극복해 가면서 꾸준히 노력해야 합니다. 외국어를 활용하는 과정에서 겪게 되는 다양한 실수는 '실수를 해야 성장한다!'는 교훈을 줍니다. 실수를 두려워하지 않아야 새로운 도전과 혁신이 가능하며, 새로운 환경에 쉽게 적응할 수 있는 힘이 생깁니다.

영어 공부가 중요한 또 하나의 이유는, 4차 산업 혁명의 토대가 되는 핵심 기술들을 영어권 국가들, 특히 미국이 선도하고 있기 때문입니다. 실리콘 밸리(Silicon Valley)로 표현되는 미국의 첨단 산업 분야의 기업들과 연구소들이 해마다 새로운 기술을 개발하고 새로운 상품을 창조하고 있습니다. 그들의 기술을 배우고 그들이 갖고 있는 정보를 얻기 위해서, 그리고 궁극적으로 그들과 경쟁하기 위해서는 먼저 그들의 말을 경청하고 그들의 글을 읽고 이해할 수 있어야 합니다.

사실 미국은 첨단 기술 분야뿐만 아니라 많은 영역에서 세계를 주도하고 있습니다. 앞에서 언급한 '4C 역량'이란 용어와 개념도 미국 최대의 교원 노동조합인 전미교육협회(NEA: National Education Association)가 여러 해 동안 사회 각층의 지도자들을 대상으로 설문조사를 실시하고 교육과 미래 사회에 대한 연구를 진행해서 이미 2002년에 발표한 것입니다. 지금은 세계 각국의 교육자들과 미래학자들이 교육의 미래를 이야기할 때마다 '4Cs'를 진리처럼 언급하고 있지요.

인공지능 기술을 활용한 통역, 번역 프로그램은 해마다 발전하고 있습니다. 간단한 말은 외국어로 옮길 수 있지요. 아마도 5년 안에 스마트폰 번역 앱을 이용해 편하게 외국 여행을 즐길 수 있을 거라 예상됩니다. 인사말을 하고, 길을 묻고, 식당에서 주문과 계산을 하는 기본적인 의사소통은 번역 앱을 활용해 해결하게 될 겁니다. 그러나 유능한 인간 번역가나 통역사가 갖고 있는 실력만큼 인공지능 통번역 프로그램이 진화하려면 아직 갈 길이 멀어 보입니다. 문장을 몇 개만 붙여서 입력해 보면 기계의 현재 실력을 단번에 알 수 있습니다. 사실 실망스럽다고밖에 표현할 수 없습니다. 신뢰할 수 없는 수준이지요.

통번역 AI 기술은 바둑 AI 기술과는 차원이 다릅니다. 인간의 머리에서 나오는 언어는 종잡을 수도 없고 예측하기도 힘든 것입니다. 하나의 생각, 느낌을 표현하는 방식도 사람마다 무척 다양할 수 있습니다. 언어마다 어휘 수도 다르고 1:1 대응이 안 되는 표현도 무척 많습니다. 그래서 저는 90% 이상의 신뢰도를 갖춘 번역 프로그램이 출현할 때까지는 시간이 꽤 걸릴 거라고 예상합니다. 그때가 오면 그 기술은 정말 역사에 한 획을 긋는 인류의 혁명이라 말할 수 있을 것입니다.

또한 완벽에 가까운 통번역 프로그램이 개발된다고 가정하더라도, 외국어, 특히 영어를 공부하는 사람들의 수는 결코 줄지 않을 겁니다. 그 이유는 대부분 앞에서 이미 설명했는데, 인간의 본능에서 또 하나의 이유를 찾을 수 있습니다. 서로 교감하면서 듣고 말하며 생각을 주고받는 것은 인간의 본능입니다. 밥을 먹고 잠을 자는 것과 마찬가지입니다. 서로의 눈을 마주보고 목소리를 직접 들으며 대화할 때 인간은 교감을 갈망하는 본능이 충족되어 행복을 느낍니다. 영양소가 농축된 눈깔사탕만한 식사로도 충분히 포만감을 느끼는 시대가 오더라도, 인간은 여전히 김치찌개, 햄버거, 스테이크를 먹을 겁니다. 다양한 맛과 형태의 음식을 먹을 때 인간은 행복감을 느끼니까요. 마찬가지로, 통번역 프로그램이 있더라도 인간은 직접 대화하는 소통 방식을 결코 버리지 않을 겁니다. 지구촌의 일원으로서 소통하며 함께 살아가기 위해서 외국어 학습, 영어 학습이 여전히 중요한 이유입니다.

Why should I learn English?

10

영어공부, 어떻게 해야 하나?

{ 부탄과 대한민국

두 가지 근본적인 문제

영어를 잘하고 싶은가? 그럼 여섯 가지 과제를 실천하라! }

부탄과 대한민국

히말라야 산맥의 동쪽, 인도 동북부와 중국 티베트 사이에 부탄(Bhutan)이라는 나라가 있습니다. 평균 해발 고도 2천 미터가 넘는 산악에 인구 75만 명 정도가 사는 작은 국가입니다. 1인당 국민소득이 2018년 기준 약 3,000달러로, 우리나라의 10분의 1밖에 안 되지만 국민 대다수가 행복하다고 주장하는, 우리 시선으로 보면 다소 독특한 나라입니다. 그런데 제가 부탄을 주목하기 시작한 것은 높은 국민행복지수 때문이 아니라 부탄 젊은이들이 쓰는 영어 때문입니다.

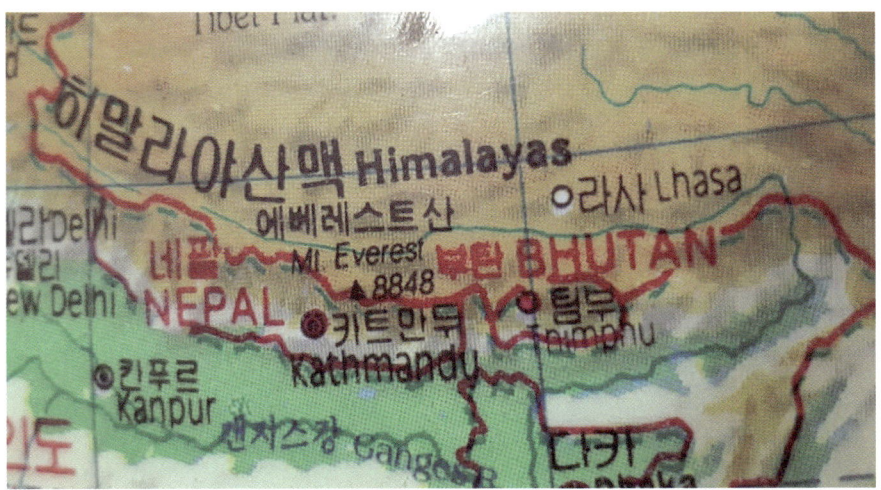

히말라야 산맥에 위치한 부탄. 인구 75만 명의 작고 가난한 나라이지만, 국민들이 영어를 활용하는 능력 면에서는 배울 점이 많다.

학생들, 청년들은 물론, 시장과 상점에서 장사를 하는 아저씨, 아주머니도 간단한 영어 표현은 듣고 말할 수 있습니다. 특히 학생들은 비록 유창한 영어는 아니지만 자연스럽게 영어로 듣고 말하고 글을 씁니다. 외국인이 영어로 말을 걸면 도망가지 않고 적극적으로 응대합니다. 교육의 결과입니다. 부탄은 1960년대부터 학교에서 공용어인 종카어(Dzongkha) 수업을 제외한 모든 교과의 수업을 영어로 진행하기 시작했습니다. 사실 무리한 정책이었습니다. 영어로 수업을 진행할 만큼 유창한 영어 실력을 갖춘 교사들은 많지 않았습니다. 그러나 지금까지 50년 넘게 교육 정책을 일관되게 추진하면서 점점 영어 사용이 익숙해진 것입니다.

물론 지금도 부탄 사람들의 영어 유창성에는 문제가 있어 보입니다. 2014년 캐나다의 교육학자인 마크 라프래리(Mark LaPrarie) 박사는 〈English Medium Schools in Bhutan: Is It Working?(부탄의 영어 수업 학교들: 효과가 있는가?)〉이란 제목의 보고서에서 "부탄 교사들의 영어 실력 부족으로 인해 학생들의 영어 유창성에 문제가 있다."고 주장했습니다. 제가 방송이나 유튜브에서 부탄 관련 영상들을 다수 확인해 보았는데, 라프래리 박사의 주장은 사실에 가까웠습니다. 분명 부탄의 학생들보다 여러분이 영어 단어도 더 많이 알고 문법 실력도 뛰어납니다. 특히 영어 독해 문제를 푸는 실력은 비교하기 힘들 정도로 큰 차이가 있는 듯합니다. 그럼에도 불구하고 부탄의 학생들이 자연스럽게 영어로 대화하고 글을 쓰는 모습은 정말 부럽습니다. 그리고 우리의 현실을 돌아보면 그 부러움은 더욱 커질 수밖에 없습니다.

공식적인 통계는 없지만, 우리나라에서 한 해에 영어교육에 지출하는 비용은 약 15조 원에 이를 것으로 추정됩니다. 미취학 아동, 초중고 학생들, 대학생과 성인들, 기업체와 공공기관 직원들의 영어 교육을 위해 공적, 사적으로 지불하는 비용을 모두 합친 금액입니다. 15,000,000,000,000원. 상상하기도 힘든 숫자인데, 우리나라의 총 가구 수 2천만[2017년 통계 어림치]으로 나누면 75만 원이 됩니다. 집집마다 영어 교육으로 1년에 75만 원을 지출하는 셈입니다. 15조 원을 달러로 환산하면 약 125억 달러인데, 2017년 부탄의 국내총생산액(GDP)이 약 25억 달러니까, 그것의 5배에 해당하는 엄청난 액수입니다.

영어 공부에 투자하는 이 막대한 비용, 시간과 노력, 그리고 영어 공부 때문에 받는 스트레스까지 고려하면 우리는 영어를 무척 잘해야 합니다. 최소한 대학생쯤 되면 유창한 영어를 구사할 수 있어야 투자한 보람이 있습니다. 그러나 머릿속에 든 영어 단어의 수는 많고, 문법 분석은 거의 학자 수준이고, 독해 실력도 뛰어나고, 시험도 잘 보지만, 외국인이 영어로 말 한마디라도 걸려고 하면 손사래를 치며 바쁘게 도망가는 사람들이 대부분입니다.

두 가지 근본적인 문제

분명 문제가 있습니다. 왜 그럴까요? 왜 우리는 힘들게 배운 영어를 제대로 활용해서 소통하지 못하는 걸까요? 두 가지 근본적인 문제가 있기 때문입니다.

첫째, 영어 공부의 목표가 잘못 설정되어 있습니다. 우리는 아주 오랜 세월 동안 영어를 의사소통의 도구로 여기지 않고, 좋은 대학에 들어가고 좋은 직업을 얻고 사회적으로 출세하기 위한 도구로 인식해 왔습니다. 10년 넘게 영어를 공부하지만, 결국 학교에서 우수한 성적을 거두고 대학교 입시에서 고득점을 얻는 것이 최종적인 목표였습니다. 그리고 학교 시험이나 대입 시험 모두, 학생들의 영어 유창성이나 의사소통 능력과는 거리가 먼 문법 지식과 속독 능력만을 평가해 왔습니다. 시험을 잘 보는 것이 목표이니 시험의 내용에 맞춰 영어 공부의 방향을 잡을 수밖에 없었지요. 이런 흐름은 아버지 세대나 여러분들이나 같습니다. 30년 전이나 지금이나 좋은 대학에 들어가고 출세하는 것이 영어 공부의 주된 목적이지요.

두 번째 문제는 교육의 대물림에 있습니다. 아주 오랜 세월 동안 거의 같은 방식으로 영어 교육이 이어지고 있습니다. 이것은 마치 뿌리 깊은 악습과 같습니다. 우리나라에 영어 공교육이 도입된 것은 일제 강점기였는데, 당시 일본이 채택한 학습방식은 'Grammar-Translation Method(문법-번역 교수법)'입니다. 문법의 정확성과 번역 능력을 기르는 데 초점이 맞춰진 학습법인데, 원래 유럽에서 오랫동안 희랍어〔그리스어〕와 라틴어〔로마어〕를 가르치기 위해 사용한 방식에서 나온 것입니다. 문법을 파악해서 정확히 읽고 영어를 우리말로 옮겨 작문하는 것이 학습의 목표였습니다. 따라서 영어를 듣고 말하고 쓰는 능력을 가르치는 것은 근본적으로 불가능했고, 교사들의 영어 구사력도 문법과 독해 학습 이상의 뭔가를 기대할 수 없는 수준이었습니다.

해방 후에도 그런 교육을 받은 학생들이 성장해서 영어 선생님이 되어 학생들을 가르쳤습니다. 그리고 문법-번역 교수법 역시 수십 년 동안 변함없이 이어졌습니다. 그렇게 교육이 대물림되면서 우리나라는 진리의 덫에 갇히고 말았습니다. 그 진리는 바로 '사람은 자신이 배운 대로 가르친다!'

일제 강점기 영어 수업 중인 교실 풍경. 우리의 영어교육에서 과연 일제의 잔재는 청산되었을까?

입니다. 이 무서운 덫에서 빠져나오는 유일한 길은, 익숙한 것을 포기하고 고통스럽게 스스로를 혁신하는 것이지만, 우리의 영어 교육은 그 힘든 길을 선택하지 않았습니다.

물론 그 긴 시간 동안 변화가 아주 없었던 것은 아닙니다. 뛰어난 영어 실력을 갖춘 교사들의 수가 늘었고, 대입 시험도 고전적인 형태인 학력고사에서 듣기 능력과 의미 파악 능력을 평가하는 수학능력시험으로 바뀌었으며, 교과서도 의사소통 능력을 강화하는 방향으로 계속 바뀌고 있습니다. 그러나 영어 공교육의 현실은 거의 변하지 않고 있습니다. 이유는 앞에서 언급한 영어 학습의 잘못된 목표와 끊어내지 못한 진리의 덫 때문인데, 그런 심각한 상황을 여실히 드러내는 큰 소동이 2008년에 벌어졌습니다.

당시 새로 들어서는 정부에서 느닷없이 '영어몰입교육(English Immersion Education)' 정책을 발표했는데, 찬성과 반대 목소리로 온 나라가 시끄러웠습니다. 정부가 계획한 영어몰입교육의 골자는 학교에서 우선적으로 영어 수업을 영어로만 진행하고, 몇 년 후부터 순차적으로 모든 교과목의 수업을 영어로 진행한다는 것이었습니다. "국제화 시대에 걸맞은 참신한 정책이다. 진작 도입했어야 했다!"는 찬성의 목소리도 있었지만, "현실성이 떨어지는 정책이다. 교육의 쇠퇴를 가져올 것이다. 사교육 부담이 더욱 커질 것이다!"고 주장하는 반대의 목소리가 대부분이었습니다. 언론에서는 이 정책에 대한 반응을 알아보기 위해 앞 다투어 다양한 설문조사를 실시했는데, 교사, 학생, 학부모 모두 반대하는 쪽이 압도적으로 많았습니다.

그런데 일선 학교의 영어 교사들을 대상으로 실시한 설문조사들 중에 흥미로운 항목이 하나 있었습니다. "당신은 1시간 동안 수업을 영어로만 진행할 수 있나요?" 이 질문에 대해 18~25% 정도의 응답자들만이 "그렇다"고 답했습니다. 영어몰입교육이 실현 불가능한 정책임을 말해 주는 다른 현실적인 문제점들도 많이 지적되었습니다. "한 반에 40명이나 되는 학생들을 대상으로 영어로만 수업하는 것은 아예 불가능하다. 영어로만 진행할 경우 수업 내용을 온전히 이해할 수 있는 학생들이 몇이나 되겠는가? 학교 수업을 이해하기 위해 따로 영어 학원에 다니는 학생들이 폭발적으로 증가할 것이다."와 같은 지적뿐만 아니라, 민족혼을 말살하는 정책이라는 비난도 있었습니다.

결국 몇 달 후에 이 정책은 슬그머니 폐기되었습니다. 당시에 다른 많은 사람들과 마찬가지로, 저 역시 영어몰입교육에 반대했습니다. 애초에 실현 불가능한 아이디어였을 뿐만 아니라 교육의 근간을 흔들 수 있는 위험한 발상이었다고 생각합니다. 그런데 영어몰입교육 해프닝을 바라보며 제가 아쉽게 생각하는 것은, 이런 논란에도 불구하고 그 이후에도 영어 공교육의 혁신을 위한 건설적인 방안이 마련되지 않았다는 점입니다. "막대한 시간과 노력과 돈을 투자하면서도 왜 우리는 영어로 의사소통하지 못하는가?"에 대한 답을 찾지도 못하고, 혁신적인 교육 정책을 진지하게 고민하지도 못하는 점이 안타까울 뿐입니다.

제가 앞에서 지적한 뿌리 깊은 문제들 때문에 효과적인 영어 공교육 정책이 마련되려면 아주 긴 시간과 치열한 논쟁과 막대한 투자가 필요할 것입니다. 한 세대 뒤에나 의미 있는 변화가 가능하리라 보는 것도 지나치게 순진하고 낙관적인 전망일 수 있습니다. 사람은 "자신이 배운 대로 가르칠" 뿐만 아니라, "자신이 아는 만큼 말하고 행동하기 때문"에 각성과 변화가 무척 어려운 것입니다.

영어를 잘하고 싶은가?
그럼 여섯 가지 과제를 실천하라!

그럼 여러분은 이제 어떻게 영어를 공부해야 할까요? 아버지와 삼촌과 이모가 걸어온 길을 그대로 답습해야 할까요? 주위의 환경이 변하지 않는다면 우리 스스로 다른 길을 모색해야 합니다. 세계인들과 적극적으로 의사소통하면서 삶의 공간과 시간을 확장하기 위해서는, 지금과는 다른 방식으로 영어를 공부해야 합니다. 저는 오랫동안 영어를 공부하고, 영어로 밥벌이를 하고, 영어의 세상을 탐험하면서 살아 왔습니다. 그 시간 동안 제가 경험하고 느끼고 깨달은 바를 바탕으로, 앞으로 여러분이 영어를 즐겁고 효과적으로 공부해서 소통의 도구로 활용하는 단계로 가는 과정에 조금이나마 도움이 될 만한 조언을 하고자 합니다.

하고 싶은 얘기를 다 담자면 따로 책 한 권을 써야겠지만, 여기에서는 가장 중요한 목적만 설정해서 그 목적을 달성하는 데에 꼭 필요한 조언만을 하고자 합니다. 그 목적은 '첫째, 시험을 위해서 뿐만 아니라 의사소통 능력을 강화하기 위해서도 영어를 공부해야 한다. 둘째, 실력 향상에 속도가 붙어야 한다. 셋째, 중도에 포기하지 않고 즐기면서 오랫동안 영어를 공부해야 한다. 넷째, 영어 공부가 다른 영역의 학습에도 도움이 되어야 한다.' 입니다. 이 네 가지 목적을 위해 여러분이 앞으로 꼭 기억해서 실행해야 할 과제는 다음과 같습니다.

Task 1 input과 output의 불균형을 해소하라!

근본적으로, 우리나라 사람들이 많은 시간과 노력과 돈을 투자하고도 영어로 말을 하거나 글을 쓰지 못하는 것은 영어 학습의 input과 output이 불균형 상태에 있기 때문입니다. 우리나라 영어 교육의 가장 심각하고 고질적인 문제점이 바로 여기에 있습니다.

input은 눈과 귀로 보고 들은 것을 머리에 '집어넣는(put in)' 학습 과정이고, output은 머릿속에 들어 있는 것을 말과 글로 '꺼내어 놓는(put out)' 학습 과정입니다. 쉽게 말해서 영어 공부의 input은 영어 글을 읽고 영어의 소리를 들어서 이해하고 기억하는 reading과 listening 학습이고, output은 말과 글로 자기 생각을 표현하며 자기가 배운 것을 사용해 보는

speaking과 writing 학습입니다.

　건국 이래 지금까지도 우리나라의 영어 공교육에서는 input과 output의 심각한 불균형이 계속되고 있습니다. 아마 교실에서 수업을 받는 여러분이 가장 잘 느낄 겁니다. 영어 지문을 읽고 설명하고 밑줄 긋고 필기하고 문제를 푸는 활동으로 시간을 거의 다 보내지요. 듣기, 말하기, 쓰기를 위한 코너가 교과서에 실려 있지만, 이 부분을 충실하게 소화하는 수업은 현실에서 찾아보기 힘듭니다. 수업에서 input 학습의 listening이 많이 부족하고, speaking과 writing으로 구성되는 output 학습은 절대적으로 부족합니다. 이런 불균형이 왜 문제가 될까요?

　input과 output의 비중이 최소한 50:50이 되어야 언어를 자연스럽고 빠르게 습득할 수 있습니다. 어린 아이의 언어 습득 과정을 보면 이해하기 쉽습니다. 태어나면서부터 아이는 무수히 많은 말을 듣고 다양한 상황을 겪으며 나름의 생각을 합니다. 끊임없이 소리와 의미를 조합하면서 머릿속에 언어를 차곡차곡 채워 갑니다. 하얀 도화지에 그렸다가 지웠다가 하면서 밑그림을 그리는 것과 비슷합니다. 약 3년이 지나면 어느 정도 말을 이해하고 종알종알 떠들며 엄마에게 말대꾸도 하지요. 어떤 이들은 이런 현상을 단순한 시각으로 보고서 언어 습득 과정에서 input만 충분하면 output은 저절로 가능하다고 주장하는데, 큰 착각입니다.

　아이는 많은 양의 언어를 접하는 동시에 끊임없이 자신의 의사를 표현하고자 '투쟁'합니다. 주위 사람들의 말을 듣고서 따라 말하기 위해 처절하게 노력하고 연습합니다. 그 노력이 옹알이로 표출되는 겁니다. 언어 본능으로 미성숙을 극복하며 성장해 가는 과정입니다. 언어의 체계를 머릿속에 짓는 과정에서 무수히 많은 말을 듣고 열심히 모방하며 자기만의 언어

옹알이하는 아기처럼 input과 output이 풍부하고 균형을 이루어야 언어를 빨리 습득하고 활용할 수 있다.

능력을 활용해 세상에 말을 겁니다. 그러면서 대화 상대와 상호작용(interaction)이 가능한 언어를 선별해 머릿속에 저장해 놓았다가 적절한 상황에서 그 말을 활용하는 것입니다. 그렇게 input과 output이 균형을 이룰 때 비로소 언어의 습득과 활용이 가능해집니다.

영어 교육에서도 output 학습이 input 학습만큼 중요한데, 유감스럽게도, 지금의 교육 환경과 교육을 책임지는 어른들의 인식을 감안하면 앞으로도 오랫동안 이런 불균형 상태는 지속될 것으로 예상됩니다. 이런 상황을 극복하고 영어 못하는 어른들의 전철을 밟지 않으려면, 여러분 스스로 output 학습을 늘리는 특별한 노력을 해야 합니다.

우선 교과서에 실린 듣기, 말하기, 쓰기 코너를 빠짐없이 지시문이 요구하는 대로 학습하는 것이 중요합니다. 그게 기본입니다. 여건이 허락된다면, 영어를 전문적으로 가르치는 어학원에서 원어민 선생님과 함께 학습 프로그램에 따라 말하기와 쓰기를 배우는 것도 바람직합니다. 물론 현실적으로 따로 영어 학원에 다닐 만한 여건이 안 되는 학생들이 많지요. 그런 분들을 위해 혼자서도 output 연습을 할 수 있는 간단하고 쉬운 활동을 몇 가지 소개하겠습니다. 약간의 노력만 더하면 읽기와 듣기 공부를 하면서 말하기와 쓰기 연습도 동시에 할 수 있습니다.

* Reading을 하며 output 연습하기
1. 독해 지문을 읽고서 가장 먼저 머리에 떠오르는 이미지를 영어 단어나 짧은 문장으로 말하고 적어 본다.
2. 독해 지문의 내용을 다 이해한 다음, 지문을 소리 내어 읽는다. 발음에 자신이 없는 단어는 인터넷이나 스마트폰의 사전을 찾아서 정확한 발음을 듣고 여러 번 따라 말한다.
3. 지문을 소리 내어 읽으면서 자기의 영어 소리를 스마트폰 애플리케이션 같은 녹음 장치에 녹음한 뒤에 들어 본다.
4. 독해 지문에서 가장 중요하다고 생각되는 문장을 골라 여러 번 읽고서 기억한 다음, 글을 보지 않고 그 문장을 말해 본다.
5. 독해 지문에 적합한 제목을 생각해 보고 지문 위에 제목을 영어로 적어 본다.

* Listening을 하며 output 연습하기
1. 듣기 지문이나 대화를 들으면서 내용과 상황을 머릿속에 그려 보고, 핵심

이 되는 단어를 적어 본다.
2. 초등학교 시절 한국어 받아쓰기 시험을 볼 때와 마찬가지로 영어 문장 하나를 골라서 듣고 받아 써 본다.
3. 한 문장씩 듣고 천천히 따라 말해 본다. 소리가 익숙해지면 가능한 한 녹음된 속도와 비슷하게 빠르게 따라 말한다.
4. 대화 지문을 소리 내어 읽으면서 자기의 영어 소리를 스마트폰 애플리케이션 같은 녹음 장치에 녹음한 뒤에 들어 본다.
5. 두 사람의 대화문을 들을 때 본인이 대화 당사자라고 상상하며 A와 B의 역할을 번갈아 맡아서 똑같이 말해 본다.

이외에도 다양한 방식으로 output 학습을 실천할 수 있습니다. 아침에 화장실에서 오늘 꼭 하고 싶은 일을 떠올리며 하나의 문장으로 말해 보는 것도 좋고, 잠자기 전에 오늘 겪은 인상 깊은 장면을 떠올리며 노트나 메모장에 영어 문장으로 적어 보는 것도 도움이 됩니다. 중요한 것은 독해 학습에 쏟는 시간과 노력만큼 듣기, 말하기, 쓰기에도 신경을 써서 공부를 해야 한다는 점입니다.

앞에서 부탄의 예를 든 것도 output의 중요성을 강조하기 위함입니다. 부탄의 교실에서는 input과 output 학습이 비교적 균형을 이루고 있기 때문에, 최소한 학생들이 배워서 익힌 영어는 자연스럽게 말하고 문장으로 쓸 수 있는 것입니다. 여러분도 부탄의 학생들처럼 영어를 말하고 쓰는 것에 익숙해지길 바랍니다.

Task 2 한국어 번역을 버리고 그림을 그려라!

우리나라 영어 교육에서 여전히 해석과 번역의 비중이 높은 것은, 앞에서 말한 '문법-번역 교수법'의 잔재입니다. 이 케케묵은 학습법은 이제 청산해야 합니다. 그래야 영어를 제대로 공부할 수 있습니다. 영어를 이해하는 과정에서 자꾸 한국어로 옮기려고 하면 실력이 빨리 늘지 않습니다. 근본적으로 영어와 한국어는 어순이 다르기 때문에 '번역' 습관은 빠른 이해에 방해가 될 수밖에 없습니다. 쉬운 문장을 하나 예로 들어 보겠습니다.

> I had to study for the final exam at home yesterday.
>
> 어제 나는 기말고사를 대비해 집에서 공부를 해야 했다.

이런 식으로 한국어를 떠올린 다음 어순을 다시 정렬해서 이해하는 습관은 버려야 합니다. 영어로 말을 할 때도 마찬가지입니다. 한국어 문장을 먼저 떠올린 다음 머릿속에서 영어로 번역을 해서 말하려고 하면 시간도 많이 걸릴 뿐만 아니라, 제대로 표현하기도 힘듭니다.

번역 습관을 버리십시오. 이제 영어를 읽거나 들으면 한국어를 떠올리지 말고, 이미지를 떠올리십시오. 언어는 생각의 표현일 뿐이지, 글자의 변환이나 재생이 아닙니다. 이미지를 담은 생각! 이거 하나면 충분합니다.

His little brother goes to kindergarten.

이런 문장을 만나면, 어린 아이가 작은 가방을 메고 아장아장 걸으며 유치원에 가는 모습이나 유치원에서 뛰어노는 모습을 순간적으로 떠올리면 그만입니다. 굳이 "그의 남동생은 유치원에 다닌다."란 한국어 문장을 떠올릴 필요가 없습니다.

추상적인 개념을 담고 있는 문장도 마찬가지입니다.

Money is important in life.(인생에서 돈은 중요하다.)

원어민들은, 그리고 영어를 아주 잘하는 한국인들은 이 문장을 듣거나 읽으면 즉시 자기 경험에서 돈이 중요하다고 느낀 순간을 떠올립니다. 누더기 옷을 입고서 길거리에서 구걸하는 사람을 떠올리기도 하고, 가족을 먹여 살리기 위해 땡볕에서 일을 하는 숭고한 아버지의 희생을 떠올리기도 하고, 무척 갖고 싶은데 돈이 없어서 살 수 없었던 나이키 운동화를 떠올리기도 합니다. 구체적인 이미지를 떠올리며 문장을 이해하는 겁니다.

어떤 언어를 모국어로 사용하든 모든 사람들이 말과 글을 이런 식으로 이해하고 표현합니다. 즉시성! 듣자마자 바로 이해하고, 생각이 떠오르자마자 말로 표현하는 것. 영어 공부의 목표 중 하나는 이 즉시성을 확보하는 것입니다. 영어→(한국어)→생각 / 생각→(한국어)→영어. 이 구조에서 한국어를 빼 버려야 실력이 늡니다. 여러분의 생각과 영어가 한국어의 간섭 없이 직접 만나야 합니다.

apple → "사과" → 이미지 (X)
apple → 이미지 (O)

the glasses on a book → "책 위에 놓인 안경" → 이미지 (X)
the glasses on a book → 이미지 (O)

She had a hot dog for lunch. → "그녀는 점심으로 핫도그를 먹었다." → 이미지 (X)

She had a hot dog for lunch. → 이미지 (O)

이렇게 이미지를 떠올리며 영어 글을 읽고 소리를 들으면 이해하는 속도가 빨라집니다. 자연스럽게 속독이 가능해집니다. 들으면서 이미지가 즉시 떠오르며, 심지어 다음에 나올 말을 예측하는 것도 가능해집니다. 지금부터 당장 한국어로 번역하는 습관을 버리고, 영어와 여러분의 생각이 직접 만날 수 있도록 이미지를 떠올리는 훈련을 시작하십시오.

Task 3 영영사전을 지갑처럼 챙겨라!

여러분의 스마트폰 안에는 서너 개의 영영사전 애플리케이션이 깔려 있어야 합니다. 스마트폰이 없다면, 여러분의 책가방 속에 영영사전이 들어 있어야 하고 책상 위에도 영영사전이 놓여 있어야 합니다. 영한사전이 아니라 영영사전입니다. 영영사전이 주는 부담감을 저도 충분히 이해합니다. 영영사전을 보면 공부 시간이 길어져 왠지 마음이 초조해지고 뜻풀이를 이해하기 힘들면 다시 영한사전을 찾아야 하니까 번거롭게 느껴질 수 있습니다. 처음에는 누구나 다 그렇게 느낍니다. 그러나 영영사전을 찾아 보는 것이 습관이 되고 익숙해지면, 오히려 영한사전이 더 답답하고 부족하다 느끼게 됩니다.

영영사전은 대부분 학식이 높은 저명한 영국과 미국의 언어학자들이 오랜 시간 머리를 맞대고 연구해서 집필한 하나의 명작입니다. 가장 간결하고 가장 명확하게 단어와 숙어의 의미를 설명할 뿐만 아니라, 쉽게 이해하고 일상에서 활용할 수 있는 예문들이 풍부하게 제시되어 있습니다. 처음에 일본의 영일사전을 들여와서 한국어로 번역해 출간한 영한사전과는 태생과 수준이 다릅니다. 영한사전도 점차 내용이 개선되고는 있지만 기본 성격의 차이는 아직까지 극복되지 못하고 있습니다. 여러분에게 아주 친숙

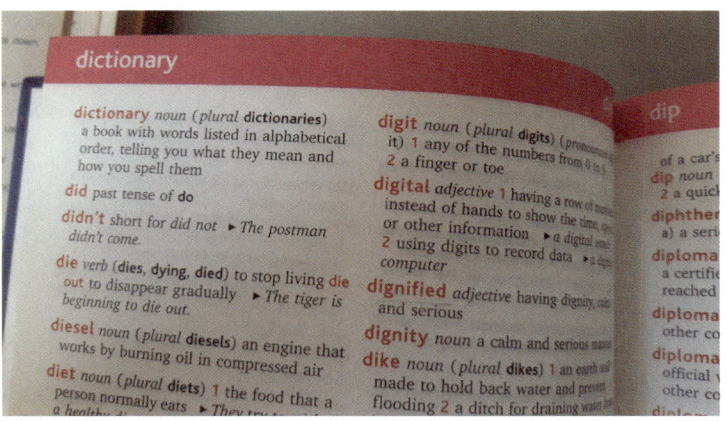

한 단어인 school을 예로 들어 가장 기본적인 의미 두 가지만 열거해서 영영사전과 영한사전을 비교해 보겠습니다.

school /skul/ noun

1. a place where children go to learn: *Which school do you go to? / I'm learning Spanish in school.*

2. the time someone is at school: *What are you doing after school?*

- 〈Longman Basic Dictionary of American English 중에서〉

school [skul] 명사

1. (교육기관으로서의) 학교

a teacher at this school 이 학교의 선생님

2. 학교 수업

What time does school begin? 학교는 몇 시에 시작합니까?

- 〈한 인터넷 포털사이트의 영한사전 중에서〉

두 사전의 근본적인 차이가 느껴지시나요? 첫번째 중요한 차이는 영영사전이 쉬운 영어로 단어의 의미를 설명하고 있는 반면, 영한사전은 영어 단어를 한국어로 번역해 놓았다는 것입니다. 거의 모든 단어의 정의가 이런 식으로 표현되어 있습니다. 두 번째 차이는 예문의 실용성과 완성도에 있습니다. 영영사전에 실린 예문은 대부분 일상의 대화나 글쓰기에서 가장 많이 사용되는 문장들로 구성되어 있습니다. 그에 비해 영한사전은 옛날

버전에서 쓰던, 실용성이 떨어지는 예문을 그대로 가져와 쓰거나 짧은 문구를 무성의하게 제시하는 경우가 대부분입니다. 또한 영한사전에서는 이해하기 힘든 뜻풀이나 오류도 가끔 발견됩니다.

이런 차이는 학습의 질에 직접적으로 영향을 미칩니다. 영영사전이 영한사전에 비해서 배울 것이 더 많을 뿐만 아니라, 단어를 더 정확하게 이해하고 다양하게 활용하기에 훨씬 더 유리합니다. 영어를 공부하다 보면 1년에 수천 개의 단어와 숙어를 사전에서 찾아보게 되는데, 시간이 지나면서 결국 영한사전을 애용하는 사람과 영영사전을 애용하는 사람의 실력은 점점 더 벌어질 수밖에 없습니다.

뿐만 아니라 영어를 한국어로 번역하지 않고 이미지를 떠올려 직접 이해하는 습관을 기르는 데에도 영영사전이 큰 도움이 됩니다. 영영 사전의 뜻풀이를 읽고서 어떤 의미인지 이해하고서 그 단어를 직접 활용할 수 있기 때문입니다. 영한사전을 보면 한국어가 바로 나오기 때문에 영어 단어를 해당 한국어와 매치시키는 습관이 생길 수밖에 없습니다. 앞에서 강조한 〈Task 2. 한국어 번역을 버리고 그림을 그려라!〉의 과제는 실천하기 힘들어지지요.

영영사전을 애용하면 얻게 되는 또 하나의 중요한 이점이 있습니다. 우선 영영사전을 찾아서 어휘의 뜻과 해당 예문을 읽는 것은 그 자체로 reading 학습이 됩니다. 스마트폰 애플리케이션 사전의 경우 단어와 예문을 클릭하면 원어민의 목소리로 발음을 듣게 되는데, 이 과정이 listening 학습입니다. 또한 그 발음을 따라 말하면 speaking 학습이 되고, 예문을 활용해서 자기 생각을 담은 문장을 하나 써 보면 그것이 곧 writing 연습이 되지요. 결과적으로 영영사전을 효율적으로 이용하면 영어 학습의 input

과 output이 동시에 이루어지는 것입니다.

또한 영영사전을 좋은 친구로 오래 사귀다 보면 여러분은 자연스럽게 영영사전을 닮아 갑니다. 앞에서 설명했듯이, 단어의 의미를 '간단명료'하게 설명하는 것이 바로 영영사전의 특징이자 장점입니다. 따라서 영영사전을 계속 이용하다 보면 단어가 담고 있는 생각, 느낌, 개념을 간단하고 명확하게 설명하는 것에 익숙해질 수밖에 없습니다. 오랫동안 사귀다 보면 저절로 친구를 닮아 가듯이 그런 영영사전의 특징과 장점이 자신의 능력과 자질로 녹아드는 것입니다. 말을 조리 있게 하고 짧고 정확하게 표현하는 능력은 사회생활에 상당히 도움이 되는 힘입니다. 장황하고 두루뭉술하게 말하는 사람보다는 상대방이 이해하기 쉬운 말로 짧게 말하는 사람이 더 매력적이지요.

나중으로 미루지 말고 지금 당장 스마트폰에서 영영사전 애플리케이션을 깔아 바탕화면에 배치하세요. 보급형은 대부분 무료이고, 전문가용은 1만~3만 원 정도면 구입할 수 있습니다. 스마트폰이 없다면 책 형태의 영영사전을 구입하세요. 서점에 다 있습니다. 중고서점에서도 최신판을 싸게 구입할 수 있습니다. 처음이라서 영영사전이 부담스럽다면, 제목에 children이나 basic이 붙은 사전을 구입하는 것도 현명한 선택입니다. 이 사전들도 단어 수가 적지 않습니다. 예를 들어, 〈Longman Basic Dictionary of American English〉는 표제어가 약 10,000개이고, 〈Oxford Children's Dictionary〉에는 20,000개의 단어가 수록되어 있습니다. 초보 자용이기 때문에 설명도 더 쉽고 그림도 많습니다.

Task 4 동사를 내 몸같이 사랑하라!

동사는 모든 언어에서 가장 중요한 요소입니다. 동사는 세상 만물이 문장 안에서 관계를 맺도록 연결하는 역할을 합니다. 생각과 느낌을 밖으로 표출하게 하고, 반응을 이끌어내고, 머릿속에 구체적인 그림을 그릴 수 있게 합니다. 동사는 관계에 의미를 부여하고 생명력을 불어넣어 작동하게 만들지요. 동사가 없으면 언어 세상에서 모든 것이 정지해 버립니다. 움직임이 없는 것이죠. 영어에서도 동사의 역할은 중요합니다.

여기 사람과 공이 있습니다. 사람도, 공도 그냥 우두커니 정지해 있습니다. 그냥 존재할 뿐이지요. 이 사람과 공은 작용, 즉 서로에게 영향을 미치는 움직임에 의해서 관계를 맺게 됩니다. 그 움직임을 표현하는 말이 바로 동사입니다. 동사를 넣으면 그림이 완전히 달라집니다. 사람과 공이 관계를 맺고 움직이기 시작합니다. 그래서 생동감 있는 그림이 그려지지요.

He kicks the ball.(그는 공을 찬다.)

He picks up the ball.(그는 공을 집어 든다.)

He throws the ball.(그는 공을 던진다.)

문장에서 주어와 목적어 같은 말들은 대개 표현하기 쉽습니다. 일상적인 대화에서 길고 어려운 개념을 주어와 목적어로 쓰는 경우는 드물지요. 그에 비해 동사는 무척 다양하고 종잡을 수 없습니다. 세상의 모든 움직임을 표현하는 말이 동사이기 때문에 그렇습니다. 그래서 동사는 어렵고 그만큼 공부할 양도 많습니다.

영어로 말을 할 때, 문장을 쓸 때, 가장 먼저 부딪히는 장벽이 동사입니다. 주어는 이미 머릿속에 정해져 있고 영어로 표현하기도 쉽습니다. 그러나 동사는 정확하고 구체적이어야 합니다. 동사를 알면 다음에 나오는 목적어나 보어나 수식어는 대개 자연스럽게 따라 나오게 되고, 그러면 문장이 완성되어 정확한 표현이 가능해지지요.

I **got on** the bus.(나는 버스를 탔다.)

I **missed** the bus.(나는 버스를 놓쳤다.)

I **waited for** the bus.(나는 버스를 기다렸다.)

동사를 모르면 말 한마디 제대로 할 수 없고 문장 하나 완성할 수가 없습니다. 그냥 말문이 막히고 맙니다. 영어로 자기 생각을 표현하지 못하거나 말하는 것 자체를 두려워하는 사람들의 공통점은 바로 동사를 잘 모른다는 것입니다. 반면, 영어가 유창하지는 않더라도 쉽게 말하고 쓰는 사람들은 동사의 활용에 익숙합니다. 동사의 의미를 잘 이해하고 여러 번 활용해서 소통해 본 경험이 있기 때문에, 언제든 그 동사를 써서 의사 표현을 할 수 있는 것입니다. 이런 사람들이 쓰는 동사는 어려운 문어체의 동사들이 아니라, 대개 기본 동사들입니다. 쉬운 말이 있는데, 굳이 어려운 단어를 쓸 필요가 없지요.

여러분도 take, get, want, give, send 같은 기본 동사들을 먼저 충분히 공부해야 합니다. 언뜻 굉장히 쉬운 단어들로 보이지만, 기본적인 의미와 뉘앙스를 숙지하지 못하면 말을 듣고서 이해하지 못할 수도 있고 제대로 활용할 수도 없습니다. 기본 동사들에 익숙해지면, 그 다음에는 그 기본 동사들 뒤에 전치사[부사]가 붙은 동사구(phrasal verbs)를 공부하세요. 원어민들은 일상에서 동사구를 대단히 많이 사용합니다.

People **extinguished** the fire.
People **put out** the fire.

두 문장 모두 "사람들이 불을 껐다."란 의미를 표현하지만, 일상 회화에서는 extinguish보다 put out이 훨씬 더 자주 쓰입니다. 자주 쓰는 말, 쉬운 말부터 먼저 공부하는 것이 현명하겠지요.

동사구를 열심히 공부하면 표현력이 기하급수적으로 늘어납니다. 기

본 동사들과 전치사들은 중학생이면 누구나 학교에서 다 배우는 내용입니다. 익숙하지요.(익숙해야 합니다!) 익숙한 동사와 익숙한 전치사를 조합해서 다양한 표현을 할 수 있다는 것이 동사구의 매력입니다. 그 매력은 한번 빠지면 헤어날 수 없을 만큼 강력합니다. 동사구를 정복하면, '내가 왜 이러지?' 할 정도로 영어 실력이 폭발적으로 늘게 됩니다. 표현하지 못할 말이 없을 것처럼 느껴지며, 영어에 대한 자신감이 충만해집니다.

동사를 더 열심히 공부하십시오. 앞으로 동사를 만나면 사랑하는 사람을 대하듯 정성을 다해서 소중히 다루십시오. 동사를 사랑하면 영어 공부의 결실이 달라집니다.

Task 5 영어 공부를 습관으로 만들어라!

"영어는 꾸준히 공부해야 실력이 는다!" 아마도 여러분은 이 말을 귀에 못이 박히도록 들었을 겁니다. 선생님과 부모님이 여러분의 게으름을 꾸짖기 위해 그냥 하는 잔소리쯤으로 치부했을지 모르겠지만, 사실 외국어 공부에서 이 말은 진리입니다.

영어는 우리말이 아니기 때문에 일상에서 접하기 힘듭니다. 여러분이 의식적으로 영어를 읽고, 듣고, 말하고, 쓰지 않으면, 영어를 만날 기회가 없습니다. 학교 수업만으로도 영어 실력이 놀라울 정도로 향상된다면 따로 공부할 필요가 없겠지만, 현실에서 그런 경우는 좀처럼 찾아볼 수 없지요. 영어를 자주 만날수록, 오래 만날수록 영어 실력이 늡니다.

영어 공부가 너무 지겹고 힘들면 며칠 쉬어도 괜찮지만, 쉬는 시간이 길어지면 영어는 점점 멀어집니다. 사람 사귀는 것과 비슷합니다. "눈에서 멀어지면 마음에서도 멀어진다(Out of sight, out of mind.)"는 속담처럼, 영어도 자주 접하지 않으면 금세 머리에서 지워집니다. 몇 년 공부했으니 한 1년 정도 쉬더라도 그동안 공부한 것은 고스란히 자기 실력으로 남아 있으리라 생각하는 것은 착각입니다. 영어 공부에는 가속도의 법칙이 작용합니다. 공부를 계속할수록 더 많이 더 빨리 배우게 되고, 공부를 안 하는 시간이 길어질수록 더 많이 더 빨리 잊어버리게 됩니다. 영어는 일상에서 접할 기회가 드문 낯선 언어이기 때문에 그렇습니다.

"습관처럼 매일 영어를 익히고 활용한다!" 영어를 잘하는 사람과 그렇지 못한 사람의 결정적인 차이점 중 하나가 바로 이것입니다. 예외 없이, 영어를 잘하는 사람은 항상 영어를 달고 삽니다. 길을 가다가도 상점 간판에 낯선 영어 단어가 적혀 있으면 사전을 찾아봅니다. "어처구니없네." 나

"대박이다!" 같은, 우리말 중 흥미로운 표현들을 영어로 어떻게 표현할까 생각해봅니다. 맘에 드는 팝송을 들으면 가사를 찾아봅니다. 순간적으로 떠오르는 자기 생각과 느낌을 간단한 영어 문장으로 혼잣말해 봅니다. 미국 방송사의 인터넷 사이트에 들어가 뉴스를 청취하고 할리우드 영화의 예고편도 동영상으로 시청합니다.

이런 식으로 매일 습관처럼 영어를 접하기 때문에 영어를 잘할 수밖에 없는 것입니다. 영어에 관심을 갖고서 매일 30분씩이라도 영어를 공부한다면 1년 후에는 하나의 습관이 될 것이고, 훗날 여러분도 반드시 영어의 달인이 되리라 확신합니다.

Task 6 취미와 영어를 접목하라!

누구나 취미를 갖고 있습니다. 적극적으로 활동을 하는 취미가 아니더라도, 뭔가에 홀린 듯 눈길이 가고 마음이 가는 것. 머리에 떠올리기만 해도 왠지 즐거워지는 것. 엄마가 공부는 안하고 엉뚱한 짓만 한다고 꾸짖는 그 "엉뚱한 짓"이 바로 제가 말하는 취미입니다.

영국 프로축구 프리미어리그(EPL)에 꽂혀서 구단 사이트를 찾아보고 주요 경기를 동영상으로 챙겨서 시청하는 친구가 있습니다. 자동차에 꽂혀서 자동차의 역사, 주요 제조사의 역대 모델들, 자동차의 디자인, 사양까지 꿰고 있는 친구도 있습니다. 미국 영화들 중에서 디즈니 애니메이션만 좋아해서 스토리는 물론 캐릭터의 이름과 탄생 연도까지 '연구' 하는 친구도 있습니다. 일찍 패션에 눈을 떠서 전문 디자이너처럼 의상과 액세서리의 명칭을 줄줄이 외고, 화장품의 종류를 모르는 게 없을 정도로 많이 아는 친구도 있습니다.

부모님 몰래 탐닉하고 있는 바로 그 엉뚱한 짓이 여러분의 영어 실력에 날개를 달아 줄 수 있습니다. 한 가지 조건, "영어로 탐닉하자!"만 충족하면 됩니다. EPL 축구 경기를 현지 방송으로 시청하는 것. 영어 원문의 자동차 전문 서적이나 잡지를 읽는 것. 디즈니 애니메이션을 한국어로 더빙된 버전이 아닌 오리지널 영어 버전으로 감상하는 것. 의상 코디네이션이나 화장법, 최신 유행 등을 설명하는 영어권 유튜버의 동영상을 구독하는 것. 이런 활동이 바로 자신의 취미와 영어 공부를 접목하는 출발점입니다.

취미와 영어 공부를 접목하면 자신도 모르는 사이에 영어 실력이 꾸준히 늘게 되는데, 그 이유는 이렇습니다. 첫째, 자기가 빠져 있는 취미에 이미 익숙하기 때문에 내용과 영어 표현을 빨리 매치시켜서 자기 것으로 소화할 수 있습니다. 배경지식을 어느 정도 갖추고 있기 때문에 영어를 읽거나 들어서 이해하는 과정이 빠른 것입니다.

둘째, '몰입'이 주는 신기한 경험을 할 수 있습니다. 학교나 학원에서 배우는 내용은 좀처럼 몰입하기가 힘들지만, 취미 영어는 다르지요. 자기가 좋아하는 내용을 영어로 접하다 보면 30분이 1시간이 되고, 1시간이 2시간이 되도록 빠져 있게 됩니다. 그렇게 몰입 상태에서 익힌 영어는 머리에 깊이 각인되어 기억에 오래 남지요.

셋째, 취미와 영어를 접목하면 영어 공부가 자연스럽게 일상의 습관이 됩니다. 자기가 좋아하는 취미 활동은 누가 시키지 않아도 습관처럼 자주 하게 되지요. 거기에 영어가 더해지면 역시 습관처럼 영어를 접하게 되는 겁니다. 그리고 앞에서 말했듯이, 습관처럼 매일 영어를 익히고 활용하면 영어 실력이 늘 수밖에 없습니다.

1970년에 결성된 영국의 헤비메탈 밴드, 블랙 사바스(Black Sabbath).

넷째, 취미 영어는 영어를 가장 재미있게 공부하는 방법 중 하나입니다. 가장 스트레스가 적은 공부 방법이지요.

저 역시 취미와 영어 공부를 접목해서 큰 성과를 얻은 경험이 있습니다. 저는 스무 살 전후에 팝송, 특히 헤비메탈(Heavy Metal) 장르에 깊이 빠져 있었습니다. 헤비메탈은 세상에서 가장 시끄러운 록 음악인데, 당시 우리나라에서는 "깡패음악" 취급을 받았습니다. 저는 주위 사람들의 따가운 눈총과 "미친놈" 소리를 감내하면서 블랙 사바스(Black Sabbath), 딥 퍼플(Deep Purple), 레드 제플린(Led Zeppelin), 헬로윈(Helloween) 같은 유명 밴드들의 대표곡들을 수집하고 영어 가사를 외워서 노래를 따라 부르곤 했습니다.

몇 년 뒤에는 영어 연극에 꽂혔습니다. 미국의 극작가 아서 밀러(Arthur Miller, 1915~2005년)의 〈세일즈맨의 죽음(Death of a Salesman)〉을 한국어판 연극으로 보고 나서 감동을 받은 것이 계기가 되었습니다. 〈세일즈맨의 죽음〉을 비롯해 아서 밀러의 여러 희곡 작품들을 원서로 읽었고, 테네시 윌리엄스(Tennessee Williams), 유진 오닐(Eugene O'Neill) 같은 유명 극작가들의 작품으로까지 관심이 확장되었습니다.

짧고 강렬한 문장으로 구성된 팝송 가사들을 외우면서 자연스럽게 문법을 이해하고 활용하는 능력이 향상되었고, 대사를 주고받는 형식의 희곡 작품들을 읽으면서 표현 능력과 말하기 실력도 많이 늘었습니다. 헤비메탈

필자를 희곡(play)의 세계로 인도한 미국 극작가 아서 밀러. 1949년 〈세일즈맨의 죽음〉으로 퓰리처상과 뉴욕연극비평가상을 수상했다.

음악과 영어 희곡에 빠져서 영어를 함께 접하다 보니 자연스럽게 긍정적인 변화를 경험하게 된 것입니다. 무엇보다 중요한 점은, 영어가 점점 더 재미있어졌다는 것입니다.

여러분도 취미에 영어를 접목해 보세요. 처음엔 좀 어색하고 불편할 수 있지만, 시간이 지나면 점점 익숙해집니다. 취미를 영어로 즐기다 보면 그 분야에서 전문성도 강화됩니다. 6장에서 설명했듯이 영어로 표현된 정보들 중에 믿을 만한 정보, 깊이 있는 정보가 많습니다. 영어를 활용하면 그 정보를 여러분의 것으로 만들 수 있고, 그러면 남보다 더 빨리 '전문가'가 될 수도 있습니다. 또한 여러분과 같은 취미를 갖고 있는 외국인들과 영어로 소통하고 정보를 주고받으며 친구가 될 수도 있습니다. 영어 실력도 늘고, 전문가로 성장하고, 취미가 같은 '통하는' 외국인 친구도 사귀는 길이 열리는 것입니다.

이상은 제가 40년 동안 영어를 공부하며 느낀, 또는 깨닫게 된 효과적인 공부 방법들 중 일부입니다. 사실 그 긴 세월 동안 많은 시행착오를 겪었습니다. 조금 더 빨리 느끼고 깨달았다면, 영어를 더 즐겁게 공부할 수 있었을 것이고 지금보다 더 유창하게 영어를 구사할 수 있었겠지요. 모쪼록 여러분이 저의 조언을 진지하게 받아들여서 저보다는 더 쉽고 빠른 길을 걸어가길 기대합니다.

맺음말 – 만남

언젠가 한 TV 여행 프로그램에서 흥미로운 섬을 소개한 적이 있습니다. 남미 콜롬비아 북쪽 카리브 해에 '산타크루즈 델 이슬로테(Santa Cruz del Islote)'란 이름의 작은 섬이 있습니다. 이곳은 세계에서 가장 인구밀도가 높은 섬으로 유명한데, 축구장 2개 정도의 면적에 90여 가구 약 1,200명이 모여 살고 있습니다.

여행자가 열 살쯤 되어 보이는 그 섬의 한 남자 아이를 인터뷰했는데, 아이는 이런 말을 했습니다. "저는 이 섬이 너무 좋아요. 전 계속 이 섬에서 살 거예요."

저는 문득 궁금해졌습니다. '그 아이가 철이 들고 어른이 되면서 어떤 꿈을 꾸게 될까? 그 섬에서 벗어나 더 넓은 세상으로 나갈 수 있을까? 그래서 지금 그 섬보다 훨씬 큰 한반도의 남쪽에 살고 있는 여러분과 그 아이가 만날 수 있을까?' 그 아이가 계속 그 작은 섬에 머문다면, 여러분이 한반도의 남쪽에서 벗어나지 않는다면, 만남은 아예 불가능하겠지요.

그러나 큰 꿈을 품고서 자기 삶의 공간과 시간을 확장할 의지를 갖는다면, 그 아이와 여러분은 만날 수도 있습니다. 그리고 지구촌에서 함께 소통하며 살아가기 위해 영어가 중요하다는 사실을 깨닫는다면, 스페인어를 모어로 쓰는 그 아이와 한국어를 모어로 쓰는 여러분은 영어로 인사를 나누고 자신의 어린 시절을 함께 이야기하겠지요. 그리고 분명 그 만남을 통해 함께 성장할 것입니다.

영어를 공부하는 이유

초판 1쇄 인쇄_2019년 11월 21일
초판 1쇄 발행_2019년 11월 27일

지은이_지소철
디자인_송근정
펴낸이_지소철
펴낸 곳_골드핀치
등록일_2018년 4월 24일(제2018-000043호)

주소_(04039) 서울특별시 마포구 홍익로3길 20 서교프라자오피스텔 509호
전화_02-6265-9773 / 010-4037-9773
팩스_0505-333-9773
이메일_goldfinchbook@naver.com

값 16,000원
ISBN 979-11-968237-0-2 43740

* 잘못된 책은 구입한 서점에서 바꿔드립니다.
* 이 책에 실린 본문과 표지의 저작권은 골드핀치 출판사, 지은이, 디자이너에게 있습니다. 허락 없이 복제하거나 다른 매체에 옮겨 실을 수 없습니다.
* 이 책에 실린 사진들은 모두 저자가 직접 찍은 사진들이거나 퍼블릭도메인(public domain), CC0으로 표기되어 상업적 사용이 허락된 사진들입니다.
* 내용과 관련한 문의, 원고의 투고 등은 위의 이메일 주소로 보내주시기 바랍니다.
* 이 도서의 국립중앙도서관 출판예정도서목록(CIP)은 서지정보유통지원시스템 홈페이지(http://seoji.nl.go.kr)와 국가자료종합목록 구축시스템(http://kolis-net.nl.go.kr)에서 이용하실 수 있습니다.
  (CIP제어번호 : CIP2019043873)